Robin hat beim Film gearbeitet und kann sogar telefonieren.
Milli denkt nur ans Fressen.

Sieben Pfoten für

PENNY

Band 29

Verrat auf der Rennbahn

Mit Illustrationen von
Bernhard Förth

Ravensburger Buchverlag

Bibliografische Information Der Deutschen Bibliothek

Die Deutsche Bibliothek verzeichnet diese Publikation
in der Deutschen Nationalbibliografie;
detaillierte bibliografische Angaben sind im Internet
über *http://dnb.ddb.de* abrufbar.

Die Schreibweise entspricht den Regeln
der neuen Rechtschreibung.

5 4 3 2 1 06 05 04 03

Umschlagillustration: Bernhard Förth
Umschlagfotografie: Martin Vukovits

Printed in Austria

ISBN 3-473-47347-2

www.ravensburger.de
www.thomasbrezina.com

Inhalt

Gefahr auf der Sonnhofstraße

Es grünt so grün, wenn Nickys Haare blühen!", schmetterten Penny und Julia, während sie in die Pedale ihrer Fahrräder traten. Die Mädchen sangen aus voller Brust, laut und falsch. Milli, Pennys schwarze tibetanische Tempelhündin, die über den Grasstreifen am Straßenrand lief, blieb von Zeit zu Zeit stehen und schüttelte den Kopf, sodass ihre kleinen Schlappohren klatschten. Robin, ein stämmiger Berner Sennenhund, hatte sich zweimal schon auf sein Hinterteil fallen lassen, die Schnauze zum dunkelblauen Abendhimmel hoch gestreckt und geheult wie ein Wolf.

„Sie wollte nicht auf uns hören", kicherte Julia und schlingerte mit dem Rad quer über die ganze Straße.

„Jetzt muss sie als Lady Grasgrün herumrennen. Mindestens drei Monate lang", prustete Penny.

Abermals holten die Mädchen Luft und stimmten mindestens zum dreißigsten Mal an diesem Abend ihr „Es grünt so grün, wenn Nickys Haare blühen!" an.

Den Wagen hinter ihnen bemerkten sie nicht. Sie waren viel zu sehr mit Lachen beschäftigt. Der Fahrer des Autos sah die beiden Radfahrer rechtzeitig und verringerte seine Geschwindigkeit. Er hatte schon eine Hand auf der Hupe. Aber es war nicht in seinem Sinn, andere unnötig auf sich aufmerksam zu machen.

„Und wenn sie zur falschen Zeit an der Doppel-S-Kurve ankommen?", überlegte er und meinte mit „sie" die Radfahrer. Er hatte nicht damit gerechnet, um diese

Tageszeit noch jemanden auf der Sonnhofstraße anzutreffen.

Penny und Julia lachten und lachten. Es war ein Nachmittag der Überraschungen gewesen, den sie bei ihrer Klassenkameradin Nicky verbracht hatten. Nicky war ein Mädchen, das gerne alles unter Kontrolle hatte. Sie hatte Penny und Julia zu sich eingeladen, um gemeinsam mit ihnen eine „Tolle-Haar-Party" zu feiern. Dazu kam eine junge Frau zu ihr ins Haus, die verschiedene Shampoos, Balsam, Haarspray, Haargel, Haarwachs und vor allem auch zahlreiche Tönungen und Färbungen mitbrachte. Sie führte alles vor und man konnte jedes Produkt auf der Stelle ausprobieren. Natürlich wollte die Frau am Ende auch verkaufen.

Penny hatten die Shampoos nicht sehr angesprochen. Sie rochen nach Kaugummi und fühlten sich glitschig wie Schmierseife an. Auch Julia war nicht begeistert gewesen. Immer wieder hatten sich die Freundinnen mit dem Ellbogen angestoßen und einander bissige Bemerkungen zugeflüstert.

Da die anderen beiden keine Anstalten machten, etwas auszuprobieren, griff die energische Nicky selbst zu und entschied sich für eine Haartönung. Ihr mattbraunes Haar sollte danach kastanienrot leuchten. Nicky verschwand im Bad und kehrte nach zwanzig Minuten mit einem Handtuchturban zurück. Nach einer weiteren halben Stunde spülte sie die Tönung aus, trat vor den Spiegel und japste erschrocken auf.

Ihr Haar war grün. Grasgrün. Aber nicht gleichmäßig, sondern gefleckt, fast wie ein Leopard. Die Verkäuferin studierte die Aufschrift auf der Tube und beteuerte wortreich, sie könne sich das Missgeschick überhaupt nicht erklären. In diesem Moment kam Nickys Mutter nach Hause und veranstaltete einen großen Krach. Sie stritt mit der Verkäuferin, machte ihrer Tochter Vorwürfe, sie nicht über die „Tolle Haar-Party“ informiert zu haben, und drohte, die Firma zu verklagen. Penny und Julia hielten es für den richtigen Zeitpunkt, um unauffällig zu verschwinden.

„Und das passiert Nicky, die immer die große Lippe führt“, spottete Julia.

Robin gab ein heiseres Bellen von sich und machte die Mädchen auf das Auto aufmerksam, das von hinten herangerollt kam. Penny fuhr an den Straßenrand hinter Julia, damit der Wagen vorbeikonnte. Der Fahrer trat auf das Gaspedal und schoss nach vorn. Mit hoher Geschwindigkeit raste er weiter, als fürchte er, von den Mädchen verfolgt zu werden. Vor der nächsten Kurve musste er leicht abbremsen und die roten Bremslichter am Heck flammten auf. Diese hatten nicht die übliche rechteckige Form, sondern sahen aus wie glühende Augen. Der Wagen verschwand hinter der Kurve und das Brummen des Motors verklang.

„Der hat es aber eilig“, stellte Julia kopfschüttelnd fest.

„Ohne die Hunde würde ich hier um diese Zeit nicht mehr fahren“, erklärte Penny. Die Straße, die durch ein dunkles Waldstück führte und sich zwischen Feldern und Wiesen dahinschlängelte, trug zwar den klingenden Namen „Sonnhofstraße“, war aber in letzter Zeit in Verruf geraten. Bereits dreimal hatten Unbekannte in schwarzen Motorradanzügen bei Nacht eine Kette über die Straße gespannt. Wie früher die Raubritter an Flüssen hatten sie die Fahrer zum Aussteigen gezwungen und alles aus dem Auto entwendet, was auch nur ein bisschen Wert besaß.

„Uns überfällt schon keiner", beruhigte Julia Penny. „Was willst du von zwei Radfahrerinnen? Ich habe genau drei Euro in der Tasche. Das lohnt sich wirklich nicht."

Ihren Eltern durfte Penny von der abendlichen Fahrt auf der Sonnhofstraße nichts sagen. Sie hätten ihr bestimmt einen längeren Vortrag über Sicherheit gehalten.

Abermals näherte sich von hinten ein Fahrzeug. Das tiefe Brummen deutete auf einen Lastwagen hin. Penny warf einen Blick über die Schulter und sah in helle Scheinwerfer, über denen eine breite Fahrerkabine aufragte. Sie rief nach Milli und Robin, die sofort gehorsam zu Penny kamen.

Mit gleichmäßigem Tempo rollte ein Transporter mit tiefer Ladefläche und einem hohem Aufbau vorbei. Im Inneren befanden sich bestimmt Pferde. Der Größe des Fahrzeuges nach hatten vier bequem Platz. Der Fahrer grüßte und dankte den Mädchen, die am Straßenrand angehalten hatten, indem er die Hand hob. Penny und Julia grüßten zurück. Wehmütig sah Julia dem Pferdetransporter nach.

Sie räusperte sich, um den Druck im Hals wegzubekommen. Den Druck verspürte sie immer, wenn sie Pferde sah.

„Reitest du eigentlich?", wandte sie sich an Penny.

Ganz bewusst hatte Penny das Thema Julia gegenüber vermieden. Auch jetzt tat sie so, als sei ihr das Reiten nie so wichtig gewesen, was allerdings überhaupt nicht stimmte.

„Sturmwind habe ich schon Monate nicht gesehen, und Ikarus reitet jetzt eine Freundin von Mutti, weil ich neben der Schule zu wenig Zeit habe. Ich möchte gern wieder mehr reiten, aber zuerst müssen alle Prüfungen geschafft werden."

Julia lächelte traurig. Sie spürte, dass Penny ihr nicht die ganze Wahrheit sagte.

„Ich würde auch so gern wieder reiten", sagte sie leise. „Aber meine Eltern sind da fürchterlich streng."

Ein bisschen konnte Penny das auch verstehen. Julia hatte nach einem Sturz vom Pferd eine Woche lang im Koma gelegen und keiner hatte gewusst, ob sie überleben würde. Ihr Pferd hatte gescheut, weil völlig unerwartet im Wald ein Schuss gefallen war, und war dann blindlings losgaloppiert. Zuerst hatte sich Julia noch im Sattel gehalten, dann aber einem tief hängenden Ast nicht mehr ausweichen können. Sie war gestürzt und mit dem Kopf auf einen Stein geschlagen. Ein halbes Jahr lang hatte Julia die Schule nicht besuchen können und unter starken Kopfschmerzen gelitten. Ihre linke Hand war gelähmt gewesen. Dank einer guten Therapie waren aber keine Spätfolgen geblieben und Julia musste nur die Klasse wiederholen. So war sie in Pennys Klasse gekommen, und in den letzten Wochen hatten sich die Mädchen angefreundet.

„Wir sollten uns beeilen", erinnerte Penny. Das Dunkelblau der Dämmerung ging immer mehr in das Schwarz der Nacht über. Der rötliche Streifen, den die untergehende Sonne über der Hügelkette am Horizont hinterlassen hatte, verblasste schnell. Julia nickte und stieg wieder auf ihr Fahrrad. Schweigend fuhren die Mädchen nebeneinander her. Das Gelächter war verstummt, Nickys grüne Haarkatastrophe vergessen.

Sie kamen flott voran, fuhren an einer Wiese vorbei, auf der das Gras schon kniehoch stand, und sahen vor sich die Silhouetten von Tannen aufragen. Die Strecke durch den Wald war kurvenreich und eng.

Julia und Penny hatten die ersten Bäume hinter sich gelassen und starrten auf die Lichtkegel ihrer Scheinwerfer, die über den grauen Asphalt tanzten, als in einiger Entfernung vor ihnen Bremsen quietschten.

Penny hielt sofort an und sprang vom Sattel.

Ihr erster Gedanke galt den Typen in Lederkluft, die Leute ausraubten. Denen wollte sie unter keinen Umständen in die Hände fahren.

Dem Quietschen folgte ein schrilles Scheppern.

„Ob das der Pferdetransporter war?“, fragte Julia keuchend.

Penny war bereits die gleiche Idee gekommen. Hatte der Transporter ein anderes Fahrzeug gerammt? Ein solcher Zusammenstoß konnte für die Pferde katastrophal enden. Besonders in den Minuten nach dem Unfall bestand große Gefahr, wenn die Pferde scheuten, mit den Hufen schlugen und sich gegenseitig verletzten. Um das zu verhindern, mussten sie so schnell wie möglich aus dem Transporter geholt werden.

„Komm!“ Penny trat in die Pedale und raste los. Julia folgte dicht hinter ihr. Bellend kamen die Hunde hinterhergestürmt.

Rettung für Hermes

Der Transporter war von der Fahrbahn abgekommen und hing mit den rechten Rädern in einer tiefen Rinne neben der Straße. Der Laderaum war zur Seite geneigt und aus dem Inneren drang verzweifeltes Wiehern und Poltern.

Geschockt und unfähig, etwas zu unternehmen, torkelte der Fahrer, ein kleiner, untersetzter Mann, auf der Straße herum. Penny hörte ihn ständig sagen: „Ich habe ihn nicht gesehen. Er ist von der Seite gekommen. Herausgeschossen. Ich habe ihn nicht gesehen. Er hatte kein Licht. Ich musste ausweichen. Ich kann nichts dafür. Ich habe ihn nicht gesehen."

„Schnell, komm, die Pferde!" Penny ließ ihr Fahrrad einfach fallen und hörte auch Julias Rad klirren. Die Mädchen liefen zu dem Transporter. Das Wiehern der Pferde hörte sich nicht gut an. Waren mehrere verladen, so bestand die Gefahr, dass sie aufeinander gefallen waren und sich Verletzungen zugefügt hatten. Es zählte jetzt jede Sekunde.

Die hintere Ladeklappe, die auch als Rampe zum Verladen diente, war verriegelt und verschlossen. Penny lief auf den kleinen Fahrer zu, der sich im Kreis drehte und ständig die Hände vor das Gesicht schlug. Sie fasste ihn an den Schultern und schob ihn vorsichtig zum Straßenrand, was er widerstandslos mit sich geschehen ließ. Behutsam drückte ihn Penny auf einen Meilenstein nieder und versuchte, mit ihm Blickkontakt zu bekommen. Die Augen des Mannes waren glasig, sein Blick abwesend.

„Der Schlüssel für die Ladeklappe?“, fragte sie eindringlich. „Wo ist er? Ich brauche ihn dringend.“

Die Scheinwerfer des Transporters brannten noch immer und beleuchteten die Kurve. Im Licht war zu erkennen, wie bleich der Mann war und dass ihm Schweißperlen über den Augenbrauen standen. Stumm deutete er auf die Fahrerkabine. Penny lief hin und fand einen klimpernden Schlüsselbund am Zündschlüssel baumeln. Sie nahm ihn an sich und suchte im Scheinwerferlicht nach dem passenden Schlüssel. Drei kamen ihrer Meinung nach in Frage. Sie trat damit an die Laderampe und versuchte, einen nach dem anderen ins Schloss zu stecken. Erst der dritte passte.

Das Wiehern war leiser geworden, was Penny noch mehr beunruhigte.

Das Schloss ließ sich knirschend öffnen. Penny löste auch den Riegel. Julia trat an die andere Seite und die Mädchen versuchten, die Ladeklappe zu öffnen. Doch beim Kippen des Wagens musste sich der Rahmen verzogen haben. Die Klappe klemmte, und erst als sich Julia und Penny mit ihrem ganzen Gewicht daran hängten, gab sie ein kleines Stück nach.

„Hydraulik“, hörte Penny den Fahrer abwesend sagen. Er bedeutete ihr, zur Seite zu treten, und hantierte im Fahrerhaus. Links und rechts der Rampe zischte es und sie begann von allein nach außen zu kippen. So weit wie sonst öffnete sie sich allerdings nicht, da eine Ecke bereits im Graben steckte.

Aus dem Innenraum schlug den Mädchen der Geruch von Stroh und frischen Pferdeäpfeln entgegen. Ihre Augen mussten sich erst an das Dunkel gewöhnen, bevor sie den eleganten Pferdekörper ausmachen konnten, der auf der rechten Seite, genau im Winkel zwischen Boden und Außenwand, verzweifelt Halt zu finden versuchte. Alles Stroh war dort zusammengerutscht und das Pferd schlug mit den Hufen gegen das Blech der Wagenwand und das Holz, mit dem der Boden ausgelegt war. Der ganze Pferdekörper zitterte und schwitzte. Da die Verladerampe nicht völlig geöffnet werden konnte und außerdem völlig schief war, schien es fast unmöglich, das Pferd heil aus dem Wagen zu bekommen. Es hätte nach hinten gehen und seitlich durch den Winkel zwischen Rampe und der Kante der Seitenwand steigen müssen. Dort aber ging es einen guten halben Meter hinunter in den Graben.

Penny zögerte nicht. Sie schwang sich in den Laderaum und fand dort zwei senkrechte Streben, an denen sie sich festklammern konnte. Auch für sie glich das Bewegen auf den abfallenden Flächen Akrobatikakten. Ihr Ziel war es, den Kopf des Pferdes zu erreichen, ohne unter die ständig schlagenden Hufe zu geraten. Mit möglichst ruhigen Bewegungen kämpfte sie sich immer weiter vor. An der Decke leuchtete eine schmale Lampe mit Milchglasabdeckung. In ihrem schwachen Schein konnte Penny den edlen Kopf des Pferdes ausmachen. Es hatte die Augen weit aufgerissen und die Nüstern vor Entsetzen und Angst gebläht.

„Ganz ruhig, du bist in Sicherheit. Ich helfe dir", redete Penny beruhigend auf das Pferd ein. Es hatte ein Halfter um, nach dem Penny langsam griff. Es gelang, die Beine so zu verspreizen, dass sie auf der abschüssigen Ladefläche Halt fand und dennoch beide Hände frei hatte. So konnte sie dem Pferd beruhigend über den Hals streichen. Das Fell war schweißnass, die Ohren ängstlich nach hinten gedreht.

„Komm, wir schaffen das. Wir können das!" Penny hörte nicht auf zu reden und begann, das Pferd behutsam Richtung Ausstieg zu drängen. Es bewegte sich wie auf Eis und die Hufeisen erzeugten ein schauriges hohes Kreischen am Blech der Bordwand.

Zentimeter für Zentimeter bewegte sich das Tier im Rückwärtsgang der dunklen Öffnung entgegen.

„Schau, dass es nach unten steigt und nicht auf die Rampe", sagte Penny so laut wie möglich in Julias Richtung.

„Mache ich", antwortete diese mit zitternder Stimme.

Es war so weit: Die Kante war erreicht und das Pferd musste es wagen, einen Huf in die Tiefe zu lassen. Als es auf einmal keinen Boden mehr spürte, geriet es erneut in Panik, scheute, wieherte auf und machte eine ruckartige Bewegung nach hinten.

Penny hatte das Gefühl, als setze ihr Herzschlag aus. Sie presste die Augen zusammen, als der Hinterkörper des Pferdes nach draußen sackte. Julia schrie erschrocken auf. Die Vorderhufe schabten über die Flächen im Inneren und an der Seite sprühten sogar Funken.

Verzweifelt traten die glänzenden Augen des Pferdes aus dem Kopf. Sein Hinterteil hing im Graben, die Vorderhufe waren noch im Wagen. Leicht konnte sich das Pferd eine Sehne zerren oder reißen. Das würde sein Ende bedeuten.

Penny, die das Pferd noch immer am Halfter hielt, war mit ihm ein Stück weiter zur Öffnung gerutscht. Noch immer redete sie beruhigend auf das Tier ein und versuchte, es dazu zu bringen, sich noch ein Stück zu bewegen. Am schwierigsten würde die Kante werden, von der sich das Pferd abstoßen musste. Plumpste es nur in die Tiefe, bestand die Gefahr, dass es sich an der Brust verletzte.

Als hätte das Tier einen Geistesblitz, begann es heftig zu strampeln, sich nach hinten zu schieben und den Kopf nach links und rechts zu werfen. Penny musste das Halfter loslassen, weil sie sonst umgerissen worden und unter die Hufe geraten wäre. Das Pferd spürte die Kante, stellte sich wiehernd auf und tänzelte gleichzeitig mit den Hinterbeinen noch ein Stück weiter vom Wagen fort. Schwer landete es auf den Vorderhufen im Graben, wo es einen Augenblick lang zitternd verharrte, bevor es wild nach Halt suchend aus der Rinne zu entkommen suchte.

„Halt es fest", rief Penny Julia zu. Ihre Freundin war sofort zur Stelle und griff beherzt zu. Sie bekam das Halfter zu fassen und zog den Kopf des Pferdes damit hinunter. Penny kletterte aus dem Transporter und kam ihr zu Hilfe. Indem sie ihm weiter gut zuredeten, vorsichtig an seinem Halfter zogen und ihm leichte Stöße gegen die Vorderbeine versetzten, gelang es ihnen, das Pferd sicher auf die Straße zu bekommen.

„Braver Junge", lobte Julia und wischte ihm mit der Hand den Schweiß vom Fell.

Heftig schnaubend bewegte sich das Pferd hin und her, als hätte es Zweifel, ob es tatsächlich in Sicherheit

war. Die Mädchen durften keine Sekunde unaufmerksam sein. Sie mussten sofort eingreifen, wenn es versuchen würde zu fliehen.

Der Fahrer hatte sich vom Schock ein wenig erholt und tippte auf einem Handy. Penny bekam mit, dass er sich nicht mit Namen meldete, sondern gleich zu einer Verteidigungsrede ansetzte. Die Person, die er angerufen hatte, brüllte so laut in den Hörer, dass der Fahrer das Handy einfach fallen ließ.

„Ich mach das", sagte Penny. Sie vergewisserte sich, dass Julia das Pferd auch wirklich festhielt, und hob dann schnell das Handy auf.

„Hallo, sind Sie noch dran?"

Der Schreihals brüllte weiter.

„Wer sind Sie? Was soll das? Wenn Hermes etwas zustößt, mache ich Sie fertig."

„Mein Name ist Penelope Moosburger", sagte Penny sehr bestimmt. Ihr Herz schlug noch immer bis zum Hals und sie hatte keine Lust, sich für die Rettung des Pferdes auch noch anschreien zu lassen. „Das Pferd steht neben uns. Es scheint unverletzt. Auf den ersten Blick jedenfalls."

Vom anderen Apparat war nur heftiges Keuchen zu vernehmen.

„Wir befinden uns hier auf der Sonnhofstraße, dort, wo sie durch den Wald führt. Der Transporter muss abgeschleppt werden. Schicken Sie jemanden, der hilft."

Noch immer nur schnaufendes Atmen.

„Haben Sie mich verstanden?"

Ein heftiges Räuspern war zu hören und dann ein Geräusch, das nach Ausspucken klang. Angewidert verzog Penny das Gesicht. Eine raue Stimme meldete sich.

„Hören Sie! Wie weit ist das von der Galopprennbahn entfernt?"

„Galopprennbahn?", wiederholte Penny überrascht. Sie wusste zwar, dass es eine alte Rennbahn in der Nähe gab, hatte aber geglaubt, dass diese schon längere Zeit geschlossen sei.

„Meinen Sie die Galopprennbahn Steintal?"

„Ja, genau die."

„Ungefähr zwanzig Minuten mit dem Auto."

„Ich schicke jemanden, Nein, ich komme selbst. Nicht weggehen." Grußlos legte der Mann auf.

„Weggehen?" Penny schnaubte. „Wie denn? Und wohin denn?"

Der kleine Fahrer holte eine Wasserflasche hinter seinem Sitz hervor und leerte sie in einem Zug. Nachdem er sich mit dem Handrücken den Mund abgewischt hatte, trat er auf Penny zu.

„Es ist wirklich nicht meine Schuld. Aber der Baron wird mir das nicht glauben. Er will mich feuern."

„Was ist genau geschehen?", erkundigte sich Penny. Langsam ging sie mit dem Fahrer zu Julia und dem Pferd zurück. Hermes hieß es, wie sie seit dem Telefonat wusste.

„Ich bin langsam gefahren. Ich fahre immer vorsichtig. Immer." Der Mann rieb sich mit den Händen über das Gesicht. Er fasste Penny am Arm und führte sie ein Stück weiter vom Wagen weg.

Es war kaum noch etwas zu erkennen, wenn man aus dem Lichtkegel der Autoscheinwerfer heraustrat.

„Da!“ Der Mann deutete auf eine Stelle rechts von der Fahrbahn. Penny trat näher und erkannte das Ende eines Forstwegs. Deutlich waren auf der Fahrbahn die schlammigen Abdrücke von Reifen auszumachen. Das Fahrzeug musste direkt aus dem Weg auf die Straße eingebogen sein.

„Der Wagen kam hier herausgeschossen. Ohne Licht. Knapp vor mir. Ich musste bremsen.“ Der Fahrer leckte sich ständig über die Lippen. Der Schock saß tief. „Aber er hat auch gebremst. Da musste ich ausweichen, sonst wären wir zusammengestoßen. Dabei ist es geschehen.“ Mit den Händen zeigte er, wie der Transporter zur Seite in den Graben gekippt war.

Penny konnte sich den Vorfall nicht erklären. Wieso war hier ein Wagen ohne Licht unterwegs und warum raste er heraus und riskierte einen Unfall?

„Es war meine letzte Chance. Der Baron hat gedroht, mich rauszuwerfen. Aber ich bin unschuldig.“ Der Fahrer schüttelte verzweifelt den Kopf.

„Ich glaube, Hermes ist in Ordnung“, versuchte Penny ihn zu trösten. Ihr fiel ein, wer das feststellen könnte. Natürlich ihr eigener Vater! Wozu war er Tierarzt? Leider würde sie dann aber gestehen müssen, dass sie am Abend auf der Sonnhofstraße gefahren war. Doch das nahm sie in Kauf. Hermes’ Gesundheit ging vor.

Der Baron

Dr. Moosburger und der Mann, mit dem Penny am Telefon gesprochen hatte, trafen knapp nacheinander und aus unterschiedlichen Richtungen ein. Matthias Moosburger schaute seine Tochter vorwurfsvoll an. Schuldbewusst schlug sie die Augen nieder und begleitete ihren Vater zu dem Pferd. Der Tierarzt hatte eine große Taschenlampe dabei und gab sie Penny zum Halten. Nachdem er dem Pferd den Hals gestreichelt hatte, ging er vor ihm in die Knie und tastete die empfindlichen Beine ab. Penny leuchtete ihm. Im Schein der Taschenlampe zeigte sich, mit was für einem edlen Tier sie es zu tun hatten. Unter dem schwarzbraunen Fell spielten geschmeidige Muskeln, der Hals war elegant, die Kopfhaltung stolz.

Hinter dem verunglückten Transporter hatte ein teurer Sportwagen gehalten. Die Scheinwerfer wurden abgeblendet, blieben aber auf das Pferd gerichtet. Ächzend stieg ein grobschlächtiger Mann aus, rückte seine Kappe zurück und zog an dem altmodischen langen Mantel aus dickem graugrünem Stoff. Den Kopf vorgestreckt schritt er zu der kleinen Gruppe, die sich um Hermes gebildet hatte. Penny sah ihm entgegen.

„Das Pferd gehört mir“, polterte der Mann, ohne irgendjemanden zu grüßen. Sein Gesicht war rot, die Backenknochen breit und das Kinn eckig. Buschige Augenbrauen und ein grauer Schnauzbart hingen herab wie die Äste einer Trauerweide. „Was haben Sie da zu schaffen?", fuhr der Mann Dr. Moosburger an. Sofort erhob sich der Tierarzt, klopfte seine Hände ab und erklärte knapp: „Meine Tochter hat mich gebeten, das Pferd zu versorgen. Das ist mein Beruf und ich habe es als Selbstverständlichkeit erachtet. Damit empfehle ich mich." Verärgert über die grobe Behandlung wollte er zu seinem Geländewagen zurück.

„Bleiben Sie!", befahl der Mann im Mantel. Matthias Moosburger ging einfach weiter. „Stellen Sie sich nicht so an. Ich bezahle auch, wenn es das ist."

„Nein, das ist es nicht. Es ist Ihre Art!", gab Pennys Vater zurück.

Der Mann machte eine wegwerfende Handbewegung. „Gibt Schlimmere als mich."

„Aber auch Freundlichere!"

Die Lippen unter dem grauen Schnauzbart zuckten. Der Mann deutete mit dem Zeigefinger auf Dr. Moosburger. „Ein Punkt für Sie. Wir sind damit wohl quitt."

Der Tierarzt schmunzelte in sich hinein und kehrte dann zu seiner Arbeit zurück. Julia stieß Penny mit dem Ellbogen an und streckte den Daumen in die Höhe. So schlagfertig und energisch hatte sie Pennys Vater bisher noch nie erlebt.

Der Fahrer war ein Häuflein Elend. Er drehte eine schmuddelige Kappe zwischen den Händen, wagte nicht, dem Mann ins Gesicht zu sehen, und redete ohne Punkt und Komma. „Baron, ehrlich, ich kann nichts dafür. Da ist jemand aus dem Waldweg geschossen. Ohne Licht. Dabei ist es geschehen. Aber die Mädchen haben Hermes herausgeholt. Es ist ihm sicher nichts passiert. Sie werden sehen."

„Maul halten, Harald“, knurrte der Mann, den er als Baron ansprach. Der Fahrer verstummte augenblicklich. Die Hände in die Manteltaschen gebohrt, kehrte der Baron zu seinem Pferd zurück. Er musterte Penny und Julia und strich dem Hengst dann über die Kruppe. „Alter Junge, was tun sie dir an?“

Penny horchte auf. Mit dem Pferd redete der Baron wie mit einem kleinen Kind. Sein Tonfall war auf einmal wesentlich weicher und netter.

Eine Weile war Stille. Aus dem Wald drang der Ruf eines Käuzchens und aufgeregtes Zirpen eines Vogels, der aufgeschreckt worden war.

Matthias Moosburger hatte nicht nur die Beine, sondern auch den Körper und den Kopf des Pferdes gründlich untersucht.

„Es ist hier dunkel, daher kann mir auch etwas entgangen sein“, entschuldigte er sich gleich vorab. „Auf den ersten Blick kann ich keine Verletzung feststellen.“ Er gab Penny ein Zeichen, sie solle das Pferd herumführen. Ein leichter Ruck am Halfter und es setzte sich in Bewegung. Der Schritt war nicht auffällig.

„Hermes ist eines der besten Pferde in meinem Stall“, redete der Baron ungefragt los. „Er gehört einem sehr wichtigen Pferdebesitzer, der auch noch andere Galopper besitzt, und gilt als Champion für den Großen Preis. Gewinnt er, steigt sein Verkaufswert auf das Doppelte. Außerdem wird sein Besitzer mir noch mehr Pferde schicken. Und die Aufträge brauche ich dringend. Auch für die Rennen auf meiner Galopprennbahn. Je besser die Pferde, desto höher die Preise und Wetten und desto besser der Ruf.“

„Rennen auf Ihrer Galopprennbahn?“ Dr. Moosburger verstaute sein Stethoskop in der Arzttasche und reinigte sich die Hände mit einem Tuch.

„Habe die Rennbahn geerbt und werde sie wieder auf Vordermann bringen“, erklärte der Baron. „Die Renovierung ist fast abgeschlossen, Sonntag in einer Woche ist der erste Renntag.“ Er reichte dem Tierarzt eine schmale bunte Broschüre. „Es ist mir gelungen, einige der besten Pferde Europas an den Start zu bekommen. Preisgelder gibt es auch. Die halbe Rennwelt wird hier sein. Übermorgen ist doch Sonntag, oder?“

„Da heute Freitag ist, muss es so sein.“ Matthias Moosburger verstaute seine Sachen wieder im Wagen.

„Da haben wir schon einen Probetag. Natürlich laufen da noch nicht die Top-Pferde.“

„Wie bekommen Sie Hermes zu den Stallungen?“, wollte Pennys Vater wissen.

„Ich habe schon den Stallburschen verständigt. Er kommt mit dem zweiten Transporter.“

„Dann darf ich mich verabschieden.“

„Die Rechnung schicken Sie einfach an die Rennbahn. August von Rott heiße ich.“

„Werde ich tun. Penny?“ Herr Moosburger wandte sich an seine Tochter und Julia. „Ich kann euch mitnehmen. Die Fahrräder haben hinten im Wagen Platz.“

Robin und Milli, die sich bisher still am Waldrand gehalten und alles beobachtet hatten, meldeten sich mit einem kurzen Bellen.

„Ihr passt auch noch hinein!“, lachte Pennys Vater und ließ sich von den Mädchen die Fahrräder reichen.

Harald, der Fahrer des Pferdetransporters, redete mit

gesenkter Stimme auf seinen Chef ein und deutete dabei mehrfach in die Richtung der Mädchen. Der Baron gab einen unwilligen Laut von sich, setzte sich dann aber in Bewegung und baute sich breitbeinig, den dicken Bauch vorgestreckt, neben Penny auf.

„Ihr habt Hermes aus der Klemme geholfen", begann er ohne Einleitung und deutete mit einer Kopfbewegung zu dem umgekippten Fahrzeug. Er konnte sich zwar nicht überwinden, sich dafür zu bedanken, sagte aber dennoch: „Kommt am Sonntag. Fragt nach August von Rott."

„Wenn wir Zeit haben", erwiderte Penny kühl. Der aufgeblasene Mann ging ihr auf die Nerven. Natürlich wollte sie nur zu gerne die Galopprennbahn besuchen, aber das musste Herr von Rott wirklich nicht wissen.

Verblüfft, weil Penny nicht sofort in Jubelgeschrei ausgebrochen war, stand von Rott da und machte ein langes Gesicht. Penny verabschiedete sich demonstrativ von Hermes, kraulte ihn am Ohr, was er sich unter genüsslichem Schnauben gefallen ließ, und streichelte ihm den Nasenrücken. Ohne den Baron noch eines Blickes zu würdigen, stieg Penny zu ihrem Vater in den Wagen.

Täuschte sie sich oder war der Baron zornig?

Das alte schmutzig gelbe Haus mit dem ziegelroten Dach, in dem Julia mit ihren Eltern und ihrer kleinen Schwester Vroni wohnte, lag auf dem Weg zur Hammerschmiede der Moosburgers. Penny begleitete die Freundin hinein, deren Eltern schon besorgt in der Küche warteten. Seit Julias Unfall hätten sie ihre Tochter am liebsten unter einen Glassturz gestellt und Tag und Nacht bewacht.

Penny erzählte kurz, was sich ereignet hatte, erwähnte aber nicht, wo der Unfall genau geschehen war.

„Du hast versprochen, dich von allen Pferden fernzuhalten“, jammerte Julias Mutter vorwurfsvoll.

„Mami, es war ein Notfall, wir mussten helfen, sonst hätte sich der Hengst ernsthaft verletzt.“

„Du hast uns ein Versprechen gegeben“, erinnerte sie ihr Vater ernst. Er ging etwas nach vorn gebeugt, und sein Kopf zuckte immer leicht, als würde er ihn ständig schütteln. Einen Besuch auf der Rennbahn am Sonntag verbot er kategorisch.

„Na dann, schönen Abend noch“, verabschiedete sich Penny und war froh, wieder gehen zu können. Bei den Friedrichsens, Julias Eltern, herrschte immer eine gedrückte Stimmung. Im Inneren des Hauses schien ein grauer Nebel zu hängen.

Auf dem Weg nach Hause warf Dr. Moosburger seiner Tochter einen kurzen Blick von der Seite zu.

„Muss ich etwas über die Sonnhofstraße sagen?“

„Nein!“, erwiderte Penny schnell und hoffte, er würde es dabei belassen.

Ihr Vater nickte kurz und konzentrierte sich auf die unbeleuchtete Landstraße, von der die Zufahrt zur Hammerschmiede wegführte. Ein Pfeil, der im Licht der Scheinwerfer aufleuchtete, wies die Richtung.

Früher einmal hatten das Wohnhaus und das Nebengebäude, das heute als kleiner Stall und Garage diente, tatsächlich einem Schmied gehört. Der Bach, der durch die sanfte Senke plätscherte, hatte damals noch wesentlich mehr Wasser geführt und ein Hammerwerk angetrieben.

Das Haus der Moosburgers war ein romantischer Bau mit weiß verputzten Mauern, grünen Fensterläden und zahlreichen Balkonen aus dunklem Holz. Den Großteil des Erdgeschosses nahm die Tierarztpraxis ein. Der Rest dieser Etage bildeten die Diele und die Küche der Familie. Im ersten Stock befanden sich ein gemütliches Wohnzimmer, das Elternschlafzimmer, ein Arbeitszimmer und einige Gästezimmer, von denen eines Elvis, der Tierpfleger, bewohnte.

Das zweite Stockwerk gehörte ausschließlich Penny und ihren Brüdern Romeo und Kolumbus. Das Betreten war Erwachsenen nur mit ausdrücklicher Erlaubnis oder in Krankheitsfällen gestattet. Leider brachte das auch mit sich, dass die Moosburger-Kinder verpflichtet waren, ihre Zimmer nicht nur selbst aufzuräumen, sondern auch zu putzen. Penny hatte damit kaum Probleme, aus den Zimmern ihrer Brüder drang aber von Zeit zu Zeit ein strenger Geruch.

Im Nebengebäude, in dem früher die Esse des Schmieds gestanden hatte, lebten jetzt einige Tiere, die Dr. Moosburger vor dem Schlachthof oder dem Gnadenschuss gerettet hatte. Tagsüber tummelten sie sich auf zwei Koppeln, die hinter dem Gebäude lagen. Unter anderem gab es da zwei Esel, von denen einer stumm und der andere fast blind war, ein Pony, das leidenschaftlich gerne Rosen fraß, mehrere Pfaue, die zwar keine Räder schlagen, dafür aber umso lauter schreien konnten, ein Kaninchen, das nur ein Ohr hatte, vier Ziegen, die sich wie richtige Muskelprotze gebärdeten, und fünf Hühner, von denen die meisten hinkten und keine Eier legten.

Als Penny neben ihrem Vater auf das Haus zuging, öffnete sich die flaschengrüne Eingangstür und im gelben Lichtschein, der aus der Diele fiel, erschien die Silhouette von Elvis.

Elvis war mehr als ein Tierpfleger in der Praxis von Matthias Moosburger. Penny hatte ihn sehr, sehr gern, und wenn er frei hatte, verbrachten sie viel Zeit miteinander. Hand in Hand schlenderten sie durch den Wald, der sich hinter dem Haus erstreckte, redeten über dies und das und fühlten sich sehr wohl miteinander. Wenn Penny in Elvis' graublaue Augen sah, bekam sie Herzklopfen. Natürlich hatten die beiden auch schon einmal Streit, aber nach einer Weile vertrugen sie sich immer wieder. Vielleicht gehörten sie einfach zusammen.

Ohne noch sein Gesicht gesehen zu haben, spürte Penny, dass mit Elvis etwas nicht in Ordnung war.

„Doc, ich weiß endlich, was mit Marilyn los ist", rief Elvis Pennys Vater entgegen. Penny selbst schien er gar nicht zu bemerken. In Penny stieg eine leichte Welle von Wut auf.

„Marilyn?", wiederholte Matthias Moosburger nachdenklich, als könne er mit dem Namen nichts verbinden.

„Das torkelnde Meerschweinchen!", half ihm Elvis weiter.

„Ach, natürlich. Das uns diese schrullige alte Dame jetzt schon fünfmal in die Praxis gebracht hat. Ja, was ist damit?"

Noch immer tat Elvis, als sei Penny gar nicht da.

„Abend!“, grüßte sie ihn mit vorwurfsvollem Unterton. Er drehte sich nur mit einem kurzen „Hallo“ zu ihr und öffnete Dr. Moosburger die Verbindungstür zwischen Diele und Praxis. Weil Penny es hasste, wenn man sie einfach so ignorierte, ging sie den beiden einfach nach.

Gleich hinter der Tür befand sich der Untersuchungsraum mit dem langen Tisch, der in der Höhe verstellbar war, und den Glasschränken voller Medikamente. Ein Gang führte zum Röntgen und zum Operationssaal, eine andere Tür in die Pflegestation, die Elvis' Reich war. Mit viel Liebe versorgte er hier Tiere, die frisch operiert oder zur Beobachtung in der Klinik geblieben waren. Er hatte schon zahlreiche „hoffnungslose“ Fälle wieder auf die Pfoten bekommen.

In einem geräumigen Käfig hockte ein schwarz-weißes Rosettenmeerschweinchen und kaute nervös Heu. Mit glänzenden Augen sah es dem Doktor und Elvis entgegen, als die beiden eintraten.

„Hat es diese Anfälle auch hier gehabt?“, wollte der Tierarzt wissen. Die Besitzerin, eine alte Frau mit zerknittertem Gesicht und kupferrot gefärbtem Haar, hatte berichtet, das Meerschweinchen begänne gegen Abend oft zu wanken. Es werfe sich dann in eine Ecke, hechle wie ein Hund und sei nicht in der Lage, von einem Ende des Käfigs zum anderen zu gehen. Dr. Moosburger waren viele Erklärungen dazu eingefallen: Gleichgewichtsstörungen, vielleicht sogar ein Gehirntumor, Entzündungen der Ohren, in denen der Gleichgewichtssinn saß. Er hatte das Meerschweinchen mehrfach untersucht, aber keine Erkrankung feststellen können. Das größte Rätsel blieb, wieso das Tier die Anfälle immer nur gegen Abend bekam, nie aber am Morgen.

Mit beiden Händen hob Pennys Vater das pelzige Tier mit den wilden Haarwirbeln aus dem Käfig, lehnte es gegen seine Brust und streichelte es mit dem Zeigefinger. Das Meerschweinchen genoss die Behandlung sichtlich und schmiegte sich an sein Hemd.

„Also, wo soll ich hinsehen?“, erkundigte sich der Tierarzt und begann fachmännisch, die Haare rund um die Ohren zur Seite zu drücken.

„Das Tier ist kerngesund“, erklärte Elvis, der stolz war, seinen Chef verblüffen zu können.

„Das dachte ich auch immer – und trotzdem gibt es diese Anfälle, die wir allerdings noch nie beobachtet haben“, ergänzte Matthias Moosburger.

„Heute habe ich mit Herrn Fries telefoniert, dem Mann von Frau Fries, der das Meerschweinchen gehört“, begann Elvis zu erzählen. Er lehnte mit dem Rücken an einem Wandpfeiler, hatte die Arme verschränkt und ein Bein hinten gegen die Mauer gestützt. Obwohl Penny im Augenblick ein bisschen sauer auf ihn war, fand sie ihn in dieser Pose schrecklich nett. Mit seinen kurzen, stacheligen Haaren und dem verschmitzten Blitzen in den Augen hatte Elvis etwas, das sie ganz kribbelig machte.

„Ich wollte nur wissen, ob Marilyn …“, Elvis deutete auf das Meerschweinchen, das sich in Matthias Moosburgers Händen aufgestellt hatte und an seinem Hemdknopf knabberte, „… ob Marilyn irgendein Futter nicht verträgt. Herr Fries war sehr gesprächig, hatte aber manchmal Probleme mit seiner Zunge, die nicht so ganz tat, was er wollte. Kurz gesagt, er lallte."

Herr Moosburger zog die Stirn kraus. „Betrunken?"

„Ein wenig. Er trinkt gern Bier und teilt auch gern. Mehrfach schärfte er mir ein, Marilyn unbedingt täglich ein Schälchen zu geben, da sie Bier schrecklich gerne möge."

„Bier? Für ein Meerschweinchen?"

Elvis fuhr fort: „Ich habe es ausprobiert. Unsere liebe Marilyn ist eine echte Dippelschwester."

„Eine was?", platzte Penny heraus.

Mit der Antwort wandte sich Elvis an Dr. Moosburger, nicht an Penny.

„Dippelbrüder nennen wir Penner, die schon am Nachmittag zu tief ins Glas schauen. Marilyn ist daher eine Dippelschwester. Gibt man ihr Bier, schlabbert sie es mit dem größten Vergnügen."

Der Tierarzt lachte auf. „Das erklärt einiges. Kein Wunder, dass das Tier schwankt. Bestimmt trinkt Herr Fries heimlich, wenn seine Frau nicht daheim ist. Daher sieht sie auch nie, mit wem er da bechert." Matthias Moosburger drohte dem Meerschweinchen scherzhaft mit dem Zeigefinger. „Meine Gute, damit ist jetzt Schluss. Ab heute bist du trocken und kannst auch wieder gerade gehen."

Marilyn wurde in ihren Käfig zurückgesetzt, wo sie sich sofort wieder über das Heu hermachte. Dr. Moosburger lobte Elvis für seine Aufmerksamkeit und ging kopfschüttelnd Richtung Küche. Penny und Elvis blieben in der Pflegestation zurück. Wieder tat Elvis so, als sei sie gar nicht anwesend. Jetzt reichte es aber!

Seltsame Begegnungen

Darf ich erfahren, warum du mich schneidest?"
Die Hände in die Seite gestemmt, funkelte Penny Elvis aufgebracht an. Sie war sehr direkt und sagte immer sofort, wenn ihr etwas nicht passte. Deshalb ärgerte sie sich doppelt über jeden, der beleidigt herumdruckste und nicht offen sagte, wenn ihn etwas störte.

„Ich schneide dich nicht", entgegnete Elvis kühl.

„Wie nennst du das dann? Einen herzlichen Empfang?"

Elvis füllte das Schälchen im Meerschweinchenkäfig mit Trockenfutter. Ohne sich umzudrehen, sagte er: „Du hast heute Nachmittag dein Handy ausgeschaltet gehabt. Den ganzen Nachmittag."

„Habe ich nicht!" Penny zog das Telefon aus der Jackentasche und warf einen Blick auf die Anzeige. Das Gerät funktionierte, und vorhin, als sie ihren Vater von der Landstraße aus angerufen hatte, war es ebenfalls eingeschaltet gewesen. „Es läuft die ganze Zeit. Wieso? War etwas Wichtiges?"

„Ich wollte einfach mit dir reden."

„Na und?" Penny wurde noch wütender. „Ich kann nichts dafür. Vielleicht war bei Nicky kein Empfang. Das gibt es."

„Wer ist Nicky? Kenne ich ihn?" Elvis fragte das zu schnell und zu drängend. Penny begann zu begreifen und schmunzelte.

„Nicky ist ein toller Typ. Er ist neu an unserer Schule

und arbeitet als Model. Tolle Muskeln, breite Schultern und lange Haare. Du weißt schon!“ Sie deutete mit der Hand bis knapp über die Schulter. Schwärmerisch fuhr sie fort: „Du wirst ihn bald auf Plakaten und in Anzeigen sehen. Er wirbt für sexy Unterwäsche.“

Elvis’ Unterkiefer mahlte und die Muskeln in seinen Backen zuckten.

„Na, dann, viel Spaß mit deinem Unterhosenmodel“, sagte er bitter und wollte an ihr vorbei. Penny streckte die Hand nach ihm aus und hielt ihn am T-Shirt fest.

„Du bist der größte Hohlkopf, den ich kenne!“, lachte sie und erklärte ihm, wer Nicky wirklich war. Elvis bekam einen roten Kopf.

„Da habe ich mich jetzt wohl ziemlich dämlich angestellt, was?“

Penny sah ihn treuherzig an. „Ich mag es, wenn du so eifersüchtig bist. Und was den Handyempfang bei Nicky betrifft, ruf sie doch einfach an und frag sie. Ich fürchte nur, sie wird nicht ans Telefon gehen, weil sie noch mit ihren grünen Haaren beschäftigt ist.“

Elvis legte Penny den Arm um die Schulter und lehnte den Kopf an ihren.

„Sorry“, flötete er kleinlaut.

„Ich vergebe dir“, erklärte Penny großzügig und gab ihm lachend einen Kuss. Elvis zog sie an sich und eine Weile war es in der Pflegestation verdächtig still.

„Zweiundzwanzig Sekunden“, krähte eine Stimme hinter ihnen. Penny fuhr herum und blickte in das strahlende Gesicht ihres kleinen Bruders Romeo. Seine Ohren standen weit ab und glühten vor Begeisterung. „Muss ich sofort eintragen. Neuer Rekord!“ Bevor

Penny noch etwas unternehmen konnte, hatte er schon kehrtgemacht und war aus der Praxis gestürmt.

„Armer Romeo", sagte Elvis bedauernd.

„Wieso?"

„Er versäumt jetzt den allerneuesten Rekord!"

Danach trat noch länger Stille ein.

Samstags hatte Penny nur drei Stunden Schule. Deshalb war sie heute als Erste daheim. In der Küche traf sie Ivan an. Ivan war der Haushälter der Familie Moosburger, und wer ihn zum ersten Mal sah, hätte ihm niemals zugetraut, dass er nicht nur ein ausgezeichneter Koch war, sondern auch perfekt putzen, waschen und bügeln konnte.

Ivan trug am liebsten schwarze Lederklamotten und T-Shirts mit ausgerissenen Ärmeln und wilden Aufdrucken. In seinem rechten Ohr hing ein dicker Messingring und in seiner linken Augenbraue steckte ein kleiner Keil. Große Sorgfalt verwendete er auf seine Haare, die er ständig neu färbte und in immer andere Formen brachte. Zur Zeit strahlte sein Kopf sonnenblumengelb. Sogar die Augenbrauen waren eingefärbt. Seine dunklen Klamotten hatte er gegen helle Leinenhosen und schlabberige Baumwollhemden getauscht.

„Ich begrüße den Frühling", erklärte er Penny, als sie ihn nach dem Grund der Veränderung fragte. „Nach einem langen dunklen Winter müssen wir dem Frühling zeigen, wie sehr er willkommen ist und welche Farben wir jetzt von ihm wollen."

„Sehr poetisch", sagte Penny mit leisem Spott.

„So ist es, Sonnenkind", erwiderte Ivan, der den Unterton einfach überhörte. Neben dem Backrohr standen zwei große Bleche, von denen der feine Duft von Tomaten und Basilikum ausging. Die Backbleche waren vollständig von Teig bedeckt, der mit Käse, Champignons, Paprika, Pepperoni und Rucolasalat belegt war. Auf dem zweiten Blech entdeckte Penny auch Salamistücke und Schinken.

„Pizza", erklärte Ivan. „Blätterteigpizza. Für dich ohne Fleisch, für die anderen mit Wurst und so."

„Lecker!" Penny lief das Wasser im Mund zusammen. Milli und Robin wichen Ivan an diesem Vormittag nicht von der Seite, in der Hoffnung, es könnte ein Stückchen Käse oder Wurst zu Boden fallen.

„Wo ist eigentlich Mutti?", wollte Penny wissen.

„Sie kommt zum Mittagessen, hat sie zumindest versprochen. Dein Bruder Kolumbus ist bis Montag bei seiner neuen Flamme."

In der Diele piepte das Telefon. Penny hob den Funkhörer ans Ohr, aus dem heftiges Rauschen drang. Dazwischen nahm sie undeutlich die Stimme ihrer Mutter wahr.

„Hallo, Penny? Ich bin es, Mutti!"

„Hallo Mami. Bist du in Afrika oder am Nordpol?"

„Weder noch. Mein Handy spinnt. Muss es kurz machen. Ich habe hier einen schweren Fall. Ich komme erst spät am Abend und Romeo übernachtet bei einem Freund." Danach riss das Gespräch ab.

Mit dem Hörer in der Hand kehrte Penny in die Küche zurück. „Weißt du, wo Mami unterwegs ist?"

„Sie spricht mit dem angeblich klügsten Papagei der Welt."

Penny glaubte, Ivan mache einen Scherz. Als er ihr gequältes Lächeln sah, bekräftigte er: „Es ist wahr. Eine Stunde von hier lebt der angeblich klügste Papagei der Welt mit seinem Frauchen und ein paar Artgenossen. Deine Mutter wurde zu ihm gerufen, weil es ein Problem mit ihm gibt."

„Sie kann deshalb leider nicht zum Mittagessen kommen. Und Romeo auch nicht."

Ivan, der gerade Oreganoblätter über der Pizza verteilte, ließ enttäuscht die Hände sinken. „Sonst noch jemand, der meine Pizza nicht will?"

In diesem Moment betrat Elvis die Küche.

„Ja, der Doc. Er ist bei einem Bauern, die Schafe impfen. Der Bauer nimmt es mit den Zahlen nicht so genau und hat nur ein Viertel der Tiere angegeben. Der Doc impft also auch noch den ganzen Nachmittag."

„Bleiben wir drei!", folgerte Ivan.

Elvis gab ein verlegenes „Äh" von sich. „Eigentlich wollte ich Penny heute auf dem Moped ein bisschen spazieren fahren. Kleine Spritztour."

Ivan brachte selten etwas aus der Ruhe. Nachdem er einen nachdenklichen Blick auf die riesigen Pizzen geworfen hatte, meinte er: „Für mich allein ist es aber doch etwas zu viel. Ich friere das Zeug einfach ein und mache für heute blau. Adiós muchachos. Falls euch der Hunger überfällt, erinnert euch an die Köstlichkeiten in der Tiefe der Tiefkühltruhe." Er hauchte Penny ein Küsschen zu und verschwand mit den Backblechen in der angrenzenden Speisekammer.

„Du willst doch so eine kleine Spritztour machen?" Elvis musterte Penny fragend.

„Klar! Ich hätte aber einen Wunsch, wohin es gehen soll."

„Sag!"

„Zur Galopprennbahn!"

„Warum nicht? Heute ist es schön warm. Da macht die Strecke bestimmt Spaß."

Enttäuscht blieben Milli und Robin in der Diele sitzen und blickten ihrem Frauchen vorwurfsvoll hinterher. Jeder Ausflug, an dem sie nicht teilnehmen konnten, war ein schlechter Ausflug. Penny versprach, bald zurück zu sein und dann mit ihnen einen ausgiebigen Spaziergang zu unternehmen. Von solchen Versprechen aber hielten die Hunde nicht viel. Mit tiefen Seufzern ließen sie sich nieder und Milli legte ihren Kopf auf Robins Pfote, als könne sie ohne dieses Kissen nicht schlafen.

Die Fahrt zur Galopprennbahn führte durch blühende Rapsfelder, die aussahen wie gelbe Meere, und vorbei an Wiesen, die von Mohnblumen und Margeriten rot und weiß gesprenkelt waren. Penny hielt Elvis von hinten umfasst und fühlte sich sicher und gut. Der neue Sturzhelm, den er für sie besorgt hatte, saß leicht auf ihrem Kopf, und an den Stellen im Gesicht und am Hals, die er frei ließ, spürte Penny den Wind.

Sie hatten es nicht eilig und gönnten sich unterwegs an einem Kiosk Käsebrötchen und Cola.

Die Galopprennbahn Steintal hatte schon bessere Zeiten erlebt. Penny hatte vor einiger Zeit einen Bericht darüber im Fernsehen gesehen. Dabei waren Leute in Kleidung aufgetreten, wie die Menschen sie vor hundert Jahren getragen hatten. Damen in bodenlangen weißen Gewändern, mit wagenradgroßen Hüten und Stoffschirmen, die sie gegen die Sonne schützten, und Herren in steifen dunklen Anzügen mit Stehkragen und Zylinder hatten die Tribünen bevölkert.

Der Stil, in dem diese Tribünen erbaut waren, erinnerte Penny an romantische alte Bahnhöfe: Geschwungene Metallträger mit Schnecken und Kringeln, alle weiß gestrichen, da und dort dickes Glas, Backsteinmauern und Holzsitze, kein Plastik. Die beiden vorn offenen Bauten für die Zuschauer standen in einem leichten Winkel zueinander und überblickten ein langes Oval, dessen innerer Bereich von niedrigen Hecken begrenzt wurde. Der äußere Ring war von ebenfalls weiß gestrichenen Säulen und Stangen aus Holz eingefasst.

Während Elvis sein Moped abschloss und die beiden Helme an den Sitz ankettete, betrachtete Penny das weite, flache Gelände. Vor ihr befand sich der Eingangsbereich mit den Kassen. Es waren noch keine Besucher dort, dafür zahlreiche Handwerker, die verputzten, pinselten, schraubten und hämmerten.

Links von der Rennbahn erstreckten sich die Stallungen. Es waren zahlreiche Backsteinbauten mit kunstvoll verzierten Toren, die um eine zweite, kleinere Bahn angelegt waren. Penny vermutete, dass es sich um eine Trainingsstrecke handelte. Pferde wurden zwischen den Ställen herumgeführt, auf der kleinen Strecke wurden zwei Pferde im Trab geritten und über eine Zufahrtsstraße bewegte sich gerade ein Pferdetransporter auf das Gelände zu. Hinter ihm folgte ein Taxi.

„Ich krieg dieses Schloss nicht zu“, stöhnte Elvis und

zerrte heftig am Absperrseil. „Du kannst ruhig schon vorgehen, ich komme dir nach."

„Ich bin bei den Ställen!", rief sie ihm zu.

Elvis nickte abwesend.

Penny überquerte eine Wiese und erreichte den Stallungsbereich, der von einem hohen Metallzaun umgeben war. Penny ging daran entlang und gelangte zur Einfahrt. Das Tor stand offen. Niemand schien hier Wache zu halten. Das Taxi hatte knapp hinter dem Tor gehalten und ein sehr schlanker, nicht sehr großer Mann stieg aus. Der Fahrer hob zwei Taschen aus dem Kofferraum. An dem prüfenden Blick, den der Mann über das Gelände gleiten ließ, war abzulesen, dass er zum ersten Mal hier auf der Rennbahn war.

Das sommersprossige Gesicht, die rotblonden, kurzen Haare und die aufgebogene Nase kamen Penny bekannt vor. War das nicht Jürgen Mölle, der Starjockey? Er startete bei internationalen Rennen und hatte schon eine hübsche Summe an Preisgeldern gewonnen.

Der Jockey bemerkte Penny und winkte ihr zu.

„Hallo! Du! Kannst du mir sagen, wo ich Sabrina Farling finde?"

Bedauernd zuckte Penny mit den Schultern. „Ich bin selbst fremd hier. Tut mir Leid."

Eine drahtige Frau in Reithosen kam mit schnellen, energischen Schritten hinter einem Gebäude hervor. Dicht hinter ihr folgte der Baron, wie schon gestern in seinem langen Mantel, den Kopf vorgestreckt und mit finsterer Miene.

„Jürgen! Willkommen!", rief die Frau, als wären sie und der Jockey alte Bekannte. Es handelte sich also wirklich um Jürgen Mölle, der eine steife Haltung annahm und sich sogar zurücklehnte.

„Das soll der Goldjunge sein?“, polterte der Baron.

Jürgen Mölle sah aus, als würde er es schon bereuen, hergekommen zu sein.

Der Baron warf Penny einen giftigen Blick zu.

„Unbefugten ist der Zutritt verboten. Verschwinde!“

Das ließ sich Penny nicht gefallen. Der Baron schien ein sehr schwaches Gedächtnis zu haben.

„Ich bin Penelope Moosburger und habe gestern Ihren Hermes aus dem Transporter gerettet“, erinnerte sie den Baron.

Der graue Schnauzbart zuckte, dann hoben sich die buschigen Augenbrauen.

„Ach, du bist das. Bei Nacht sind alle Katzen grau.“ Ohne zu grüßen wandte sich der Baron an die Frau und sagte: „Sabrina, das Mädchen bekommt die kleine Tour. Kümmern Sie sich darum.“

„Ich muss Jürgen begrüßen“, lehnte die Frau ab.

„Die kleine Tour!“, zischte der Baron in einem Ton, der keinen Widerspruch mehr zuließ.

Sabrina Farling verzog das Gesicht und gab dem Jockey mit den Augen zu verstehen, wie sehr der Baron sie nervte.

„Frau Farling macht das!“ Damit war für den Baron das Thema Penny erledigt und er wandte sich dem Jockey zu. „Sie sind sauteuer, junger Mann.“

„Und ich wirke“, gab der Jockey schlagfertig zurück.

Der Baron gab einen grunzenden Lacher von sich.

„Ich erwarte mir von Ihnen mindestens drei Siege. Am besten auf meinen Pferden.“ Er versetzte ihm einen aufmunternden Schlag gegen die Schulter, der Jürgen Mölle zur Seite stolpern ließ. Schon ging der Baron weiter auf einen Stallburschen zu, der am Boden kniete und einem Pferd die Fesseln bandagierte.

„Völlig falsch", blaffte er ihn an.

Verloren stand Penny da und blickte zwischen Sabrina Farling und dem Jockey hin und her.

„Ich komme später, warte hier", wies die Frau sie an, setzte dann wieder ein honigsüßes Lächeln auf und wandte sich Jürgen Mölle zu. „Sie müssen völlig erschöpft sein. Sie sind doch direkt von Tokio gekommen. Dort ist jetzt ...?"

„Nacht", sagte der Jockey und versuchte ein Gähnen zu unterdrücken.

„Ich zeige Ihnen die drei Pferde von morgen, dann können Sie sofort in Ihr Hotel."

„Und vielleicht leckst du ihm auch noch die Stiefel sauber", dachte Penny grimmig.

Am liebsten wäre sie wieder gegangen. Andererseits wollte sie gern die Stallungen sehen und ein bisschen mehr über den Rennsport erfahren. Sie schluckte ihren Zorn über das schlechte Benehmen der Frau hinunter und hielt nach Elvis Ausschau. Winkend kam er über die Wiese.

„Penny, brauchst du mich?", rief er ihr entgegen.

„Immer!", antwortete Penny lachend.

„Mit dem Moped stimmt etwas nicht. Ich fürchte, wir kommen nicht mehr heim, wenn ich mich nicht darum kümmere."

„Was ist denn?"

„Muss mit dem Tank zu tun haben. Aber es gibt eine

Werkstatt in der Nähe. Ich fahre hin und komme wieder. Ist das in Ordnung?"

„Klar, mach nur."

Elvis küsste sie auf die Wange und kehrte zum Moped zurück.

Weil Penny nicht nur am Eingang stehen wollte, schlenderte sie an den ersten zwei Stallgebäuden vorbei auf einen kleinen Platz, auf dem mehrere Autos abgestellt waren. Es handelte sich um kleine, nicht mehr sehr neue Fahrzeuge. Mehr aus Langeweile ließ Penny ihren Blick über die Nummerntafeln schweifen. Beim vorletzten Auto stutzte sie. Das hatte aber weniger mit der Nummerntafel zu tun als mit den Rücklichtern. Sie waren rund und in der Mitte dunkel. Leuchteten sie auf, mussten sie aussehen wie Augen.

Wie die des Wagens, der sie gestern Abend überholt hatte! Penny erinnerte sich, dass er erst langsam gefahren war und dann Gas gegeben hatte. Es war im Augenblick nur eine vage Idee, ein schwacher Verdacht: Aber der Wagen hätte sich doch tatsächlich in dem Waldweg verstecken und dem Pferdetransporter auflauern können. Stimmte der Bericht des Fahrers, dann steckte hinter dem Vorfall Absicht. Ohne Zweifel sollte das Pferd zu Schaden kommen. Hermes war wertvoll. Sehr wertvoll sogar.

Ging mit Penny die Fantasie durch oder war an ihrer Überlegung etwas Wahres dran?

„Wem das Auto wohl gehört?", dachte sie.

Spannungen

Hi!“

Penny, die noch immer die Rücklichter fixierte, schrak auf. Sie hatte nicht gehört, dass jemand neben sie getreten war, und sah sich jetzt selbst in einer großen, spiegelnden Sonnenbrille. Sie gehörte einem drahtigen Burschen, der mit offenem Mund Kaugummi kaute.

„Hi!“, wiederholte er und ließ die Augenbrauen ein paarmal nach oben zucken.

„Hallo!“, brachte Penny endlich heraus. Ihr Herz schlug heftig.

Der Bursche trug eine abgewetzte braune Lederjacke und stemmte Besitz ergreifend die Hand auf den matten Lack des Wagens.

„Sag bloß nicht, dir gefällt meine alte Karre?“

„Das Auto gehört dir?“, entfuhr es Penny, als handle es sich um einen brandneuen Ferrari.

„Was ist so Besonderes daran?“, fragte der Bursche belustigt. „Hat es dir das wunderbare Braun angetan? Freundliche Leute nennen es Kaffeebraun, unfreundliche sagen Kackbraun dazu.“

„Ach, nein … es ist nur …“ Fieberhaft kramte Penny in ihrem Kopf nach einer glaubhaften Ausrede. „Meine Tante hatte auch so einen Wagen. Es war meine Lieblingstante!“, ergänzte sie hastig.

„Aha! Und wie hieß diese Lieblingstante?“

„Edeltraud.“ In der Schnelligkeit war Penny kein besserer Name eingefallen.

„Noch mehr interessiert mich der Name ihrer Nichte."

„Nichte? Welche Nichte?" Penny machte ein verwirrtes Gesicht.

Der Bursche lachte auf. „Wie viele Nichten hatte sie denn, deine Lieblingstante?"

Endlich kapierte Penny. Sie grinste verlegen und sah zu Boden. „Ich bin Penny", erklärte sie ungewohnt schüchtern. Sie log nicht gerne, weil sie sich meistens nicht merken konnte, was sie zusammenflunkerte. Außerdem hatte sie Angst, rot zu werden. Deshalb vermied sie es, dem Jungen in die Augen zu sehen.

„Mich kennt und fürchtet man als Goliath!"

„Scherz!", sagte Penny.

„Bitterer Ernst", erwiderte der Junge mit tiefer Grabesstimme. „Ich habe meinen Eltern diesen Namen nie verziehen. Genannt werde ich übrigens Golli." Er musterte Pennys Kleidung. „Wie eine Reiterin oder Trainerin siehst du mir nicht aus. Gehören deinen Eltern Pferde hier?"

Penny deutete auf Gollis Reithosen. Er war etwa so groß wie Jürgen Mölle, aber stämmiger und bestimmt schwerer. „Du bist Jockey, nicht wahr?"

„Was wird das hier? Ein heiteres Ratespiel?"

„Vielleicht!", erwiderte Penny achselzuckend.

„Dann hast du soeben zehn Punkte geschafft. Ich bin Jockey."

„Reitest du morgen?"

„Ich bin am Start. Ja. In zwei Rennen."

„Ist das dein Beruf?" Penny schätzte Golli auf höchstens zwanzig Jahre.

„Ja, mein Beruf."

Irgendetwas am Klang seiner Stimme gefiel ihr nicht. Wirkte er auf einmal bitter? War es das? Warum sollte er das sein? Penny hatte doch nichts gesagt, das ihn verärgern oder verbittern könnte.

Golli ließ abwesend den Finger über den braunen Lack seines Wagens gleiten.

„Und das ist dein Auto?", fragte Penny unnötigerweise.

„In Wirklichkeit mein Pferd, das mit Blech verkleidet ist", scherzte Golli etwas gequält.

Penny wurde unruhig. Stand vor ihr der Mann, der gestern Nacht absichtlich den Pferdetransporter von der Straße abgebracht hatte? Wie konnte sie das unauffällig in Erfahrung bringen?

„Wie ist das so als Jockey?", begann sie, um zuerst ein ungefährliches Thema anzuschneiden.

Aus dem Stall wurde ein schlankes, schwarzbraunes Pferd geführt. Die Mähne war zu kleinen Zöpfen geflochten und eine freche Locke hing dem Hengst in die Stirn. Penny erkannte ihn sofort als Hermes. Bevor Golli noch antworten konnte, ließ sie ihn einfach stehen und ging auf den Hengst zu.

Hermes wurde von einem blassen Stallburschen geführt, der sich immer wieder mit dem Handrücken über den Dreitagebart kratzte.

Hinter sich hörte Penny Golli nachkommen. Sie trafen gleichzeitig bei dem edlen Rennpferd ein, das mit wachen Augen die Umgebung studierte.

„Geht es ihm wieder gut? Hat er den Schreck verdaut?", erkundigte sich Penny bei dem Stallburschen.

„Er ist schon noch nervös, aber es geht halbwegs. Morgen wird er aber nicht an den Start gehen. Vielleicht in einer Woche. Der Tierarzt will es noch nicht entscheiden." Der Stallbursche kraulte den Hengst.

„Woher weißt du, was vergangene Nacht geschehen ist?", fragte Golli überrascht.

„Ich bin zufälligerweise nach dem Unfall zum Transporter gekommen und habe Hermes herausgeholt."

„Kennst du dich denn mit Pferden aus?"

„Ein bisschen."

Der Kies knirschte und Penny drehte den Kopf. Sabrina Farling kam auf sie zu, sah aber nicht freundlicher aus als zuvor.

„Fritz, wozu bringst du Hermes heraus? Er sollte in der Box bleiben!", fuhr sie den Stallburschen an.

„Entschuldige, Sabrina, aber du hast gesagt, er soll auf die Trainingsbahn."

„Soll ich ihn etwa reiten? Nach der Krise, die er gestern gehabt hat?" Golli verschränkte ablehnend die Arme vor der Brust.

„Sollst du nicht. Und du, Fritz, bringst ihn wieder hinein. Später, wenn hier weniger los ist, führe ihn ein bisschen spazieren."

„Der Wunderknabe wird morgen also wohl ein Rennen weniger bestreiten!" Penny horchte auf. Da war der bittere Unterton bei Golli wieder.

Sabrina atmete tief ein und sagte scharf: „Sein Name ist Jürgen Mölle, er ist ein überaus erfolgreicher Jockey, und morgen Vormittag um zehn Uhr wird festgestellt, ob Hermes starten kann oder nicht. Und du kümmerst dich jetzt gefälligst um Apollo und DimSum."

Golli öffnete den Mund zum Widerspruch, aber ein strenger Blick von Sabrina veranlasste ihn zu schweigen. Hochnäsig befahl er Fritz: „Mach die zwei Enten klar.“ Er drehte auf dem Absatz um und schritt o-beinig davon. Er hatte diesen etwas vorgeneigten Gang kleiner Männer und spreizte die Ellbogen leicht ab, als wollte er sich aufplustern und wichtig erscheinen.

„Noch einmal dieser Ausdruck und du fliegst“, rief ihm Sabrina hinterher. Golli tat, als hätte er es nicht gehört.

„Apollo und DimSum?“, fragte Fritz nach.

„Bist du schwerhörig? Das habe ich doch gerade gesagt!“

Der Stallbursche warf Penny einen gequälten Blick zu und führte Hermes in den Stall zurück. Das Fell des Pferdes glänzte im Sonnenlicht und seine Haltung ließ einen großen Kampfgeist vermuten.

„So, zu dir. Ich weiß, es ist dir zu verdanken, dass Hermes gestern unverletzt blieb.“ Sabrina redete leiernd und völlig desinteressiert. „Meinen Namen kennst du bereits. Ich bin Trainerin und betreue achtundzwanzig Pferde. Golli …“, sie zeigte auf den Jockey, der eben durch eine Holztür in einem Nebentrakt des Stallgebäudes verschwand, „… ist unser Stalljockey. Er reitet die Pferde im Training. Ab und zu dann auch beim Rennen. Für morgen und nächste Woche konnten wir aber Jürgen Mölle gewinnen.“

„Ach so“, dachte Penny bei sich. Jetzt war klar, woher der Wind wehte. Golli war sauer, weil der Spitzenjockey zu den Rennen antrat und vielleicht Pferde zum Sieg führte, die Golli lieber selbst geritten hätte. Sabrina redete weiter und deutete mal in die eine Richtung, dann in die andere. Pennys Gedanken aber waren ganz woanders. Sie stellte sich die Frage, ob es einem Jockey zuzutrauen war, aus Wut und Enttäuschung, weil er ein Spitzenpferd wie Hermes nicht reiten durfte, einen raffinierten Anschlag auf den Transporter zu verüben. Brachte es ein Jockey übers Herz, das Tier, das er sonst ritt, absichtlich zu verletzen?

„Wenn du mir nicht zuhörst, können wir das Ganze auch bleiben lassen", fuhr Sabrina Penny an.

Ertappt murmelte Penny eine Entschuldigung.

„Ich habe keine Zeit. Der Baron führt sich manchmal auf wie ein Diktator. Ich soll seine Pferde trainieren, gleichzeitig Gäste betreuen, den Jockey instruieren und was weiß ich, was noch alles."

„Tut mir Leid, dass ich Ihnen so viel Mühe mache", erklärte Penny trocken. „Ich habe nichts dagegen, allein herumzugehen. Wenn ich das darf?" Die Trainerin hörte den bissigen Unterton nicht, oder wollte ihn nicht hören.

„In Ordnung! Geh nur!" Sie schien erleichtert.

Ziellos spazierte Penny zwischen den Backsteinbauten herum. Fast alle hatten die doppelflügeligen Tore geöffnet, um Licht und frische Luft hereinzulassen. Der vertraute Geruch von Stroh und Pferdemist wehte Penny entgegen und sie wurde ein wenig wehmütig. Sie wollte auch wieder mehr reiten, fand aber einfach die Zeit dazu nicht.

Vor dem Eingang zum letzten Stall standen breitbeinig zwei schwarz gekleidete Männer mit dunklen Sonnenbrillen, die Penny an Filmmafiosi erinnerten. Als sie

Anstalten machte, den Stall zu betreten, hielt einer der beiden sie sofort auf und verlangte in gebrochenem Deutsch ihren Ausweis zu sehen.

„Welchen Ausweis?“, fragte Penny verwundert.

Ein hagerer Mann trat aus dem Halbdunkel des Stalles und betrachtete sie prüfend.

„Du gehörst nicht hierher!“, stellte er knapp fest.

„Entschuldigung, ich hatte nicht vor, ein Pferd zu stehlen“, empörte sich Penny, die nicht verstand, wieso sie so abweisend behandelt wurde.

„Das ist der Stall von Eric van Hervig. Zu seinen Champions darf nur der Trainer.“ Der Mann deutete auf sich.

„Sind die Pferde so viel wert?“, fragte Penny.

Der Trainer machte einen sehr geschäftsmäßigen Eindruck und schien gerne über Geld zu reden. „Unsere Champions stehen beide zur Zeit bei einer halben Million Dollar. Jeder weitere Sieg steigert den Preis. Orlando soll schon bald zur Zucht verwendet werden. Eric van Hervig hat eine hübsche Stange Geld in die Tiere gesteckt, das er auch wieder einmal zurückverdienen möchte. So knapp vor dem Höhepunkt geht er kein Risiko ein. Daher diese Maßnahmen.“ Die Hände des Trainers richteten sich auf die Wächter.

„Wovor haben Sie Angst?“, fragte Penny weiter. Sie kannte sich bei Pferderennen nicht so aus, begann sich aber immer mehr dafür zu interessieren.

Der Trainer zog eine kleine Pfeife hervor, zündete sie an und schmauchte genüsslich.

„Erfolg erzeugt Neid. Unsere Champions sind empfindlich, wie Porzellan. Ein leichter Schlag gegen ein

Bein kann nicht nur eine große Karriere zerstören, sondern auch den Preis."

„Ein Schlag auf das Bein?" Penny schüttelte ungläubig den Kopf. „Das tut jemand?"

„Oder die Pferde werden gedopt. Und zwar heimlich und vom Gegner. Wird das Medikament nach dem Sieg im Blut des Pferdes festgestellt, kostet mich das meinen Job und der Sieg wird aberkannt."

„Das gibt's doch alles nicht."

„Es gibt noch viel mehr. Schon von Negativ-Doping gehört?"

„Nein, was ist das?"

„Da werden dem Pferd Medikamente verabreicht, die es bremsen. Wetten ist ein großes Geschäft bei Pferderennen. Da ist es durchaus gewünscht, dass sich bestimmte Pferde, die als todsicherer Tipp gelten, nicht platzieren. Nun ja, um sie auszuschalten, muss man etwas unternehmen."

Die Lippen zu einem großen O geformt, pustete der Trainer Rauchringe in die Frühlingsluft.

Penny kamen langsam Zweifel, ob der Galopprennsport wirklich eine so schöne Sportart war. Er schien gefährlich, vor allem für die Pferde, die bei Erfolg zu wahren Goldbarren wurden. Faule Tricks gab es anscheinend auch mehr als genug. Oder war das alles nur Gerede?

Gänsegeier mit Geheimnis

Du hast jetzt alles gesehen. Auf Wiedersehen!"
Der Baron deutete zum Ausgang aus dem Stallungsbereich. Er war winkend auf Penny zugeeilt, die dachte, er wolle ihr etwas Wichtiges sagen. Mit diesem Rauswurf hatte sie nicht gerechnet.

„Vielen Dank noch", erwiderte sie ätzend.

„Dein Vater soll die Rechnung schicken. Beschäftigen werde ich ihn hier trotzdem nicht. Habe meine eigenen Leute", rief ihr der Baron nach. Penny drehte sich nicht mehr zu ihm um, weil sie innerlich kochte.

Als sie am Autoabstellplatz vorbeikam, bemerkte sie aus dem Augenwinkel noch ein Winken. Sie hatte keine Lust mehr, den Kopf zu drehen. Hier gab es mehr unsympathische Menschen als sympathische.

„Penny, warte!" Es war Golli, der ihr nachlief. Er trug jetzt eine Reithose und ein Shirt aus dünnem glänzendem Material. In den eng anliegenden Hosenbeinen und den Stiefeln wirkten seine Beine noch krummer als in Jeans. „Du siehst zornig aus!", stellte er amüsiert fest.

„Tu ich das? Wen wundert es!"

„Mag sein, dass einige Leute hier ein bisschen unfreundlich sind. Das gilt aber nicht für mich." Golli grinste sie treuherzig an und legte ihr eine Hand auf die Schulter. „Interessierst du dich für Pferderennen?"

Pennys Blick wanderte auf seine Hand, die er trotzdem nicht wegnahm.

„Bisher nicht. Ein bisschen Blut habe ich aber geleckt“, gestand sie. Pferde waren für sie immer interessant und Galopprennen galten als Hochleistungssport für Pferde. Sie war allerdings noch nicht sicher, ob ihr diese Art Rennen gefiel.

„Komm doch morgen zu den Rennen!“, lud Golli sie ein. Er bedeutete ihr zu warten und lief zu seinem Wagen, um etwas aus dem Handschuhfach zu holen. „Da, eine Gratiseintrittskarte. Falls du wettest, musst du selbst bezahlen“, fügte er scherzhaft hinzu.

„Soll ich auf die Pferde setzen, die du morgen reitest?“, fragte sie ebenso scherzhaft.

„Bloß nicht“, schnaubte er. „Das bleiben lahme Enten. Spar dir das Geld! Würde mich aber trotzdem freuen, wenn du kommst. Ich bin im dritten und fünften Rennen. Mach dich danach bemerkbar.“

Penny versprach es. Golli schenkte ihr noch einen sehr tiefen Blick. Als Penny sich zum Gehen umwandte, sah sie Elvis am Gittertor lehnen. Stand er dort schon länger? Hatte er sie und Golli beobachtet? Mit einem flauen Gefühl im Magen ging sie zu ihm.

„Alles wieder in Ordnung?“

Elvis hob eine Augenbraue. „Wie soll ich das verstehen?“

„Mit dem Moped!“

„Ach so. Ja. Es war nur ein Hebel, der sich von allein umgelegt hatte.“ Elvis blickte zu Golli, der sich gerade auf den Rücken eines tänzelnden Pferdes schwang, das Fritz für ihn festhielt.

„Ein Jockey. Besser gesagt, ein Stalljockey!“, sagte Penny erklärend.

Elvis nickte langsam.

„In seiner Freizeit Unterhosenmodell!“, fügte Penny bissig hinzu. Zu ihrer Erleichterung lachte Elvis und machte ihr keine neue Eifersuchtsszene.

Bevor sie sich auf die Rückfahrt machten, rief Dr. Moosburger Elvis auf seinem Handy an. Noch immer war Pennys Vater mit dem Impfen beschäftigt.

„Wo steckst du?“, wollte er von Elvis wissen.

„Doc, ich habe eigentlich frei“, erinnerte ihn Elvis.

„Kannst du mir trotzdem einen Gefallen tun?“

Elvis konnte seinem Chef keine Bitte abschlagen. Als Dr. Moosburger hörte, wo Penny und Elvis unterwegs waren, schien er sich sehr darüber zu freuen.

„Könntet ihr zwei zur Ruine Dreikron fahren. Du weißt schon, das ist auf diesem Berg am Rand von St. Leonhard.“

Penny, die ein Ohr neben das Handy hielt, bedeutete Elvis, dass sie die Ruine kannte.

„Ein Herr Ulrich betreibt dort eine Greifvogelschau. Er hat schon zweimal angerufen und ich hatte ihn völlig vergessen. Bitte, fahr vorbei und hör dir an, was er will, und ruf mich dann an.“

„Machen wir“, sagte Elvis.

Penny und er setzten sich die Helme auf und fuhren los. St. Leonhard war ein verschlafenes Dorf, dessen Hauptattraktion ein riesiges Gasthaus war, in dem es die angeblich besten Schnitzel im Umkreis von hundert Kilometern gab. Obwohl es noch recht kühl war, standen bereits Tische im Gastgarten, die bis auf den letzten Platz besetzt waren. In der Gaststube drängten sich ebenfalls die Leute. Kellner stemmten riesige runde Tabletts in die Höhe und verteilten Getränke und

Schnitzel, die so groß waren, dass sie über den Tellerrand hingen.

Hinter der Kirche begann eine schmale Serpentinenstraße, die sich einen steilen Hügel hinaufzog und an den sandfarbenen Mauern einer Ruine endete. Vor der Ruine, auf einer Wiese, die von einer hüfthohen Mauer aus unbehauenen Steinen eingefasst war, fand an den Wochenenden dreimal am Tag eine Greifvogel-Vorführung statt.

Penny war mit ihrer Schulklasse vor einem Jahr einmal auf den Berg gewandert. Der Falkner, ein verhutzeltes Männchen mit wettergegerbtem Gesicht und grauem Lockenkopf, hatte ihnen geschildert, wie in früheren Zeiten Falken zur Jagd eingesetzt worden waren. Er selbst besaß aber nicht nur Falken, sondern auch einen zahmen Steinadler, zwei Bussarde, einen Steinkauz und einen Gänsegeier.

„Es gibt noch immer so viele Vorurteile gegen Greifvögel", jammerte der Falkner, der zu den Vorführungen ein grünes Wams und eine speckige Lederhose trug, in denen er wie ein alter Robin Hood aussah. „Man nennt sie Raubvögel, dabei rauben sie nichts, sondern besorgen sich höchstens ihr Futter. In brutalen Fangeisen werden sie gefangen, wo sie qualvoll verenden, wenn sie nicht rechtzeitig gefunden werden." Der Falkner selbst hatte schon mehrere Greifvögel gerettet. Oft waren auch verletzte oder angeschossene Tiere zu ihm gebracht worden, die er nicht nur gesund gepflegt, sondern später auch wieder ausgewildert hatte.

„Der Gänsegeier heißt Emil", erinnerte sich Penny, als sie mit Elvis über die kleine Mauer stieg und auf die Holzhütte zuging, in der sich der Falkner in den Pausen zwischen den Vorführungen aufhielt. Vor der Hütte, auf Baumstümpfen und T-förmigen Sitzstangen, hockten seine Vögel, putzten sich, guckten in die Gegend und gaben ab und zu einen Schrei von sich. Kein einziger war angekettet. Herr Ulrich musste wirklich eine starke Beziehung zu ihnen haben.

Durch ein kleines Fenster hatte der Falkner sie kommen sehen und trat aus der Hütte. Sein Gesicht wirkte noch zerknitterter als sonst. Er schmatzte ständig, als würde ihm das Wasser im Mund zusammenlaufen.

„Wir kommen im Auftrag von Dr. Moosburger", erklärte Elvis. „Was können wir für Sie tun?"

„Wieso ist der Tierarzt nicht selbst gekommen?", schimpfte der Falkner.

„Er kommt, sobald er bei anderen Patienten fertig ist. Ich bin sein Assistent und das ist seine Tochter Penny. Wir sind nur gekommen, damit Sie nicht so lange warten müssen."

Herr Ulrich hatte einen nervösen Tick, der seinen Kopf ständig wackeln ließ. Kurz überlegte er, ob er die zwei nicht wieder fortschicken sollte, entschied sich dann aber anders.

„Es ist mein Emil!" Er führte Penny und Elvis auf die andere Seite der Hütte, wo der berühmte Gänsegeier auf dem Boden hockte. Es war unschwer zu erkennen, dass Herrn Ulrichs Sorge berechtigt war. Der große Vogel wirkte erschöpft, die langen Flügel hingen leicht, den Kopf, der auf einem Hals mit flauschigen Federn saß, hielt er nicht aufrecht, sondern vorgebeugt.

„In der Schau lasse ich ihn am Ende einen Kreis über

den Köpfen der Zuschauer ziehen. Emil hat das immer gut gemacht."

Penny beobachtete, dass der Vogel den Schnabel halb geöffnet hatte und wie ein Hund zu hecheln schien.

„Gestern nach der letzten Schau um vier Uhr nachmittags ist Emil nicht zurückgekommen. Meine Vögel bleiben alle hier, weil sie wissen, dass sie ihr Futter von mir bekommen."

„Was heißt ‚nicht zurückgekommen'?", hakte Penny nach.

„Er hat seine Runde gedreht. Dann strecke ich die Hand hoch …", der Falkner führte vor, wie er das tat, und hielt den Unterarm in die Luft, „… ich trage dabei einen langen Handschuh. Die Vogelkrallen sind scharf. Emil kam zuerst auf mich zu, drehte dann aber ab und flog einfach weg. Richtung Tal. Hinter den Föhren verschwand er und blieb dann fort. Viermal hat er das schon gemacht. Einen ganzen Tag ist er jedes Mal weg. Ich sehe ihn nicht, wenn er zurückkommt, sondern er hockt plötzlich auf dem Parkplatz. So wie jetzt. Krank. Ganz schwach und krank. Das dauert zwei bis drei Tage, dann ist er wieder der Alte."

Ratlos betrachteten Penny und Elvis den Greifvogel, dem anzusehen war, wie majestätisch und elegant er sein konnte, wenn es ihm gut ging.

„Wieso haben Sie meinen Vater erst jetzt gerufen?"

„Tierärzte kosten nur Geld und wissen doch nichts", erklärte Herr Ulrich. „Und so schlimm wie diesmal hat es Emil auch noch nie erwischt."

„Das muss sich der Doc persönlich ansehen", meinte Elvis. Er machte ein paar Schritte zur Seite und rief Dr.

Moosburger an. Pennys Vater versprach, bald zu kommen. Er klang nach der langen Impfaktion erschöpft.

Während sie auf ihn warteten, bekamen Penny und Elvis von Herrn Ulrich eine kleine Privatvorführung. Er schickte einen Falken los und schleuderte dann ein Fellbündel als Beute hoch in die Luft. Im Sturzflug raste der Vogel darauf zu und fing es geschickt und treffsicher mit den Krallen. Stolz landete er damit auf dem Arm seines Herrchens und wurde mit einem Stückchen Fleisch belohnt. Der Steinadler zog elegante Kreise über der Wiese und an einer Stelle, an der die Felswand steil in die Tiefe fiel, blieb er in der Luft stehen, ohne die Flügel zu bewegen.

„Er nutzt die Thermik, die aufsteigende warme Luft", erklärte Herr Ulrich.

Matthias Moosburger traf eine Stunde später ein. Er war grau im Gesicht und seine Hose und sein Pulli waren mit Erde verkrustet.

„Der Bauer hält die Schafe sehr natürlich und wir mussten jedes einzeln einfangen", schilderte er Penny und Elvis zur Erklärung. Er borgte sich von Herrn Ulrich dicke Handschuhe, die bis zu den Ellbogen reichten, um gegen die Krallen und den spitzen Schnabel des Gänsegeiers geschützt zu sein. Behutsam begann er dann mit einer Untersuchung, spreizte die Flügel, tastete die Beine ab und zum Abschluss den Körper.

„Was ist es, Herr Doktor? Etwas Schlimmes?" Der Falkner zwinkerte heftig mit den Augen, als müsste er die Tränen zurückkämpfen.

Dr. Moosburger blickte nachdenklich auf das Tier.

„Ich kann auf Anhieb keine echte Krankheit feststellen. Weder Parasiten noch einen Pilz oder Milben im Gefieder. Nur der Bauch fühlt sich verdächtig an. Sehr verhärtet und groß. Hatte Emil das schon öfter?"

„Er war schon dreimal so wie jetzt. Seit wir in diesem Jahr mit den Vorführungen wieder begonnen haben."

„Ich will ihm nicht irgendein Antibiotikum verabreichen. Es ist besser, wir beobachten ihn noch eine Weile. Rufen Sie mich bitte morgen an und sagen Sie mir, wie Emil auf Sie wirkt."

Herr Ulrich zögerte. „Das kostet bestimmt alles etwas. Dabei haben Sie gar nichts getan."

Seufzend erhob sich Dr. Moosburger.

„Sehen Sie das, wie Sie wollen. Ich kann gern ein wenig um Emil herumtanzen und Zaubersprüche aufsagen. Ich kann ihm Traubenzucker spritzen und Ihnen eine hohe Rechnung stellen, wenn Ihnen das lieber ist. Natürlich kostet es mich Zeit, wenn ich zu Ihnen fahre und das Tier untersuche."

„Alles Halsabschneider!", schimpfte der Falkner ungerührt vor sich hin.

„Halten Sie es, wie Sie wollen! Aber selbst wenn Sie sich entscheiden, meine Dienste nicht mehr in Anspruch zu nehmen, wäre ich Ihnen dankbar, wenn Sie es mich wissen lassen."

Herr Moosburger gab Penny und Elvis das Zeichen zum Aufbruch. Wie ein Häuflein Elend kauerte Emil noch immer da und starrte vor sich hin. Was geschah wirklich bei seinen geheimen Ausflügen?

Pizza zum Frühstück

Pennys Mutter, Margit Moosburger, versammelte wenigstens am Sonntag zum Frühstück gern ihre ganze Familie um sich. An diesem Sonntag klappte es fast. Kolumbus war spät in der Nacht heimgekehrt, und als Penny ihn am Morgen vor dem Badezimmer traf, musste sie lächeln. Ihr großer Bruders machte eine Miene, als hingen dunkle Gewitterwolken über seinem Kopf. Sein Gesicht schien sich zusammengeschoben zu haben, als wäre es in einen Schraubstock gespannt. Diese Anzeichen bedeuteten immer das Gleiche: Er hatte Ärger mit einem Mädchen.

„Was hat sie dir denn diesmal angetan?", erkundigte sich Penny im Tonfall einer Kummertante.

„Vergiss es!" Kolumbus zog energisch den Gürtel eines schwarzen Kimonos fest, auf dessen Rücken in Rot und Weiß ein sich aufbäumender brüllender chinesischer Drache gestickt war. Penny zuckte mit den Achseln und wollte ins Bad, als Kolumbus sie zurückhielt. „Sag mir bitte ganz ehrlich: Bin ich ein Spießer?"

Mit allem hatte Penny gerechnet, aber nicht mit dieser Frage.

„Wie kommst du darauf?"

„Anette sagt das. Vor allem ziehe ich mich laut Anette an wie ein Spießer."

„Ich habe deine Garderobe nicht im Kopf", erklärte Penny ernst und biss sich auf die Unterlippe, um jeden Anflug von Lächeln zu vermeiden. Ihr Bruder, der bereits an der Universität studierte, war oft, wenn es um Mädchen ging, hilflos wie ein kleines Kind. „Was hast du denn so an, wenn du dich mit ihr triffst?"

„Jeans und weiße Hemden meistens. Und meine schwarze Lederjacke."

„Spießig? Nein, finde ich nicht spießig."

„Sie schon." Seufzend fügte er hinzu. „Aber Anette ist auch anders. Vielleicht ist es der Kontrast zwischen uns." Nach zwei weiteren tiefen Seufzern meinte er bedauernd: „Sie wollte nie wirklich was von mir wissen. Ich bin ihr nachgerannt wie ein junger Hund. Saudumm von mir."

„Säue sind nicht dumm", warf Penny ein, doch Kolumbus hörte es gar nicht. Überhaupt hatte er die Welt rund um sich vergessen und schüttelte nur immer wieder den Kopf. Penny nützte die Pause und schlüpfte ins Badezimmer. Sie schnitt sich selbst im Spiegel eine Grimasse und streckte sich die Zunge heraus.

Wer, bitte, war diese Anette und wieso waren Jeans und weiße Hemden spießig? Das trugen Filmstars!

Zum Frühstück war auch Romeo zurück. Frau Schröder, die Mutter seines Klassenkameraden Philipp, hatte ihn gebracht und mit vorwurfsvoller Miene an Frau Moosburger übergeben.

„Ich schätze es sehr, wenn Kinder ihre Umwelt erforschen, neugierig und von Wissensdurst getrieben sind", begann sie.

Romeo schmiegte sich wie eine Katze an seine Mutter. Selbstverständlich hatte er sein Gesicht „Ich weiß wirklich nicht, was die böse Frau zu meckern hat" aufgesetzt und blickte lammfromm und engelhaft zu seiner Mutter hoch. Fragend hob Frau Moosburger die Augenbrauen, worauf Frau Schröder fortfuhr. Sie sprach gepresst, als beherrsche sie sich nur mühsam.

„In unserem Wohnzimmer befindet sich ein Deckenventilator. Ein großes Modell, wie es sonst in heißen Ländern eingesetzt wird. Mein Mann und ich haben das Haus heute nur für eine halbe Stunde zum Joggen verlassen. In dieser halben Stunde hat Ihr Sohn meinen Philipp auf die Idee gebracht, zwei offene Eimer Farbe an den Rotorblättern des Ventilators anzubringen und den Ventilator anschließend einzuschalten."

„Es war Philipps Idee", protestierte Romeo. „Er wollte das schon immer machen, ist aber nie zum Ventilator hoch gekommen. Da musste ich ihm helfen."

„Ist das geschehen, was ich vermute?", fragte Frau Moosburger vorsichtig.

Die andere Mutter nickte. „Weiße Farbe auf allen Wänden. Wir haben dort Stofftapete. Weiße Farbe auf den teuren Ledersofas und auf dem Teppich. Weiße Farbe überall."

„Philipp hat gesagt, die Wände sollen weiß gestrichen werden und mit dem Ventilator geht es bestimmt schneller. Wir wollten Ihnen nur Freude machen", beteuerte Romeo.

„Der Schaden ... also ... ich muss das mit meinem Mann besprechen." Margit Moosburger fehlten nur sehr selten die Worte.

„Ich kann nur hoffen, dass Sie gut versichert sind!", giftete Frau Schröder sie an. „Ihr Satansbraten von Sohn ..."

„Moment!" Frau Moosburger hob energisch die

Hand und bremste die Schimpftirade. „Romeo mag manchmal ausgefallene Ideen haben. Ich verbitte mir aber den Ausdruck Satansbraten. Außerdem habe ich keinen Grund, an seinen Worten zu zweifeln. Vielleicht war es tatsächlich ein Vorschlag Ihres Sohnes."

Die dünnen Lippen von Frau Schröder bebten. „Das muss ich mir von Ihnen nicht sagen lassen. Wenn Sie sich nicht in Güte einigen wollen, können wir die Sache auch unserem Anwalt übergeben." Grußlos stöckelte sie zu ihrem Auto zurück. Fassungslos sah ihr Margit Moosburger nach.

„Es war wirklich Philipps Idee", sagte Romeo kleinlaut.

Sie streichelte ihm über den Kopf und warf ihm einen zweifelnden Blick zu.

Zum Frühstück gab es die Pizza, die Ivan am Vortag vorbereitet hatte.

„Wir haben leider kein einziges Stück Brot im Haus", erklärte Frau Moosburger. Ivan musste ein wenig zerstreut gewesen sein. Romeo war über das Pizza-Frühstück begeistert, Penny und Elvis nahmen es einfach so hin und Kolumbus hatte ohnehin keinen Hunger.

„Wie geht's mit dem Graupapagei?", erkundigte sich Matthias Moosburger bei seiner Frau. Margit Moosburger war Verhaltensforscherin, hatte an Projekten in Afrika mitgewirkt und beriet seit ihrer Rückkehr oft Tiergärten. Es war ihr ein großes Anliegen, für artgerechte Gehege zu sorgen, in denen die Tiere annähernd so gut leben konnten wie in freier Wildbahn. Wie sie selbst einmal sagte, war der Mensch das im 21. Jahrhundert dem Tier schuldig.

„Moses!“ Frau Moosburger nahm mit der Hand noch eine vegetarische Pizzaschnitte und knabberte daran. „Bei Moses bin ich leider selbst ratlos.“

Penny sah sie fragend an. „Was ist mit Moses?“

„Moses lebt bei einer Kollegin von mir. Leider muss ich sagen: lebte.“

„Ist er gestorben?“

Pennys Mutter verneinte. „Meine Kollegin, Christina hieß sie, ist wahrscheinlich bei einem Flugzeugabsturz ums Leben gekommen. Sie war in Zentralafrika unterwegs und sollte zu einer Beobachtungsstation im Urwald gebracht werden. Das Flugzeug ist aber nie angekommen und gilt seit zwei Monaten als verschollen.“

„Christina?“ Matthias Moosburger erinnerte sich vage. „Sie hat mit uns an der Uni studiert. Lange dunkelblonde Haare und jeden Tag eine andere Frisur.“

„Ja, das war Christina. Wir nannten sie immer die schickste Tierärztin der Welt. Sie achtete sehr auf ihr Äußeres.“ Frau Moosburger spielte mit den Bröseln. „Sie spezialisierte sich auf Vögel und rettete Moses vor zehn Jahren. Er war damals in einer Kiste ins Land geschmuggelt worden, die Flügel waren mit Klebestreifen an den Körper gefesselt und er war halb verhungert und verdurstet. Christina hat ihn liebevoll aufgezogen und gesund gepflegt und später sind noch zwei weitere Artgenossen dazugekommen. Eigentlich hatte sie die drei wieder auswildern wollen, aber das war nicht möglich. So blieben sie bei ihr. Sie betreute damals die Vögel in einem Tiergarten und kümmerte sich viel um Moses. Um es kurz zu machen: Moses gilt als einer der klügsten Papageien der Welt. Er beherrscht hundertfünfzig

Wörter, kann zählen, Farben benennen und es ist möglich, mit ihm einfache Gespräche zu führen."

Alle am Tisch, ganz egal, wie sie sich an diesem Sonntagmorgen fühlten, hörten gespannt zu.

„Christina brachte Moses die Wörter bei, indem sie ihm den Gegenstand zeigte und das Wort vorsagte. Zum Beispiel zeigte sie ihm eine kleine Glaskugel und wiederholte: Kugel. Später fragte sie ihn, was sie in der Hand hielte. Antwortete er richtig, bekam er die Kugel auf den Tisch gelegt und durfte damit spielen."

„Bestimmt hat er sehr an ihr gehangen", vermutete Penny.

„Und wie. Papageien brauchen viel Zuneigung. Moses hat die beiden anderen Graupapageien als Gesellschaft, aber seine ganze Liebe galt Christina."

„Und jetzt?", fragte Dr. Moosburger besorgt.

„Es ist sehr schlimm. Christina war auch früher oft auf Reisen. Sie rief Moses aber mindestens alle zwei, spätestens alle drei Tage an. Eine Kollegin legte ihm dann den Telefonhörer hin und sie sprach mit ihm. Moses erkannte ihre Stimme, war beruhigt, dass sie noch lebte, fraß normal und sprach auch weiterhin."

„Das tut er jetzt nicht mehr", erahnte Penny das Problem, mit dem ihre Mutter beschäftigt war.

„Schlimmer. Er schweigt, verweigert das Futter und hat bereits begonnen, sich die Federn auszurupfen. Ganz ehrlich, ich fürchte, er hat keine großen Chancen. Seine Liebe zu Christina ist zu groß. Er vermisst sie so sehr und spürt, dass sie umgekommen ist. Deshalb gibt er sich selbst auf."

Penny schüttelte traurig den Kopf. „Hast du keine

Idee, was ihm helfen könnte? Gibt es niemand anderen, der Christinas Platz einnehmen kann?“

„Papageien sind treu. Moses will niemand anderen. Er ist, so schätzen wir, achtzehn oder neunzehn Jahre alt. Ein Papagei kann aber bei guten Bedingungen an die achtzig Jahre alt werden.“

Niemand am Tisch sagte etwas. Die Geschichte war berührend und traurig. Und es schien keine Aussicht auf ein glückliches Ende zu geben. Stumm wurde gegessen und getrunken.

„Ich würde heute gerne zu den Galopprennen gehen“, meldete sich Penny als Erste wieder zu Wort. „Darf ich?“ Sie sah bittend zu ihren Eltern.

Margit Moosburger hatte nichts dagegen, Matthias auch nicht.

Penny wandte sich an Elvis. „Wann fahren wir los? Das erste Rennen startet um 14 Uhr.“

Elvis zupfte eine Olive von seiner Pizzaschnitte und leckte den geschmolzenen Käse ab.

„Ich habe keine Lust. Ich will heute lieber daheim bleiben.“

„Schade.“ Penny war enttäuscht. Mit dem Fahrrad war es ein weiter Weg zur Rennbahn. Sie konnte nur den Bus nehmen.

„Ich will aber mit!“, rief Romeo.

„Rennbahn klingt nicht schlecht. Mal was anderes“, meinte Kolumbus.

Kolumbus besaß ein uraltes Auto, mit dem sie fahren konnten.

„Ist das Pferderennen aber nicht zu spießig?“, spottete Penny.

Ihr großer Bruder verzog das Gesicht. Schnell stieß sie ihn in die Seite, um ihn wieder zu versöhnen. Die Möglichkeit, von ihm gefahren zu werden, wollte sie sich nicht vermasseln.

„Ich will auch zu dem Pferderennen", raunzte Romeo.

„Warum fahren wir nicht alle?", schlug Frau Moosburger vor. „Die alte Rennbahn in neuem Glanz zu sehen ist doch was. Meine Großmutter ist immer gerne hingegangen und hat mich ein paarmal mitgenommen."

Ihr Mann stimmte zu, und damit war der Familienausflug besiegelt. Trotzdem wollte Elvis daheim bleiben, ohne den Grund zu nennen? War irgendetwas? Sie hatte einen sechsten Sinn für die Stimmungen von Elvis.

Es gab allerdings zwei, die sich über Elvis' Entschluss sehr freuten: Es waren Milli und Robin, die auf einen langen Spaziergang hofften.

Kaum waren die Moosburgers abgefahren, nahm Elvis die Leinen vom Haken. Die Hunde führten vor der Haustür einen Freudentanz auf. Elvis wollte das Haus gerade verlassen, als das Telefon klingelte. Elvis hob ab.

Es war kein Patient, der anrief. Elvis führte ein kurzes Gespräch und sprach dann eine Einladung aus. „Ich gehe mit den Hunden eine große Runde. Komm doch mit!"

Die Einladung wurde angenommen.

Der Fluch

Der Geländewagen von Matthias Moosburger rollte kurz nach dreizehn Uhr auf den Kies des Parkplatzes, der dem Eingang der Rennbahn gegenüber lag. Es war ein warmer Frühlingstag und nur wenige Wolken zogen über den blauen Himmel. Die Luft war lau und roch nach feuchtem Gras.

Vor den Kassen der Rennbahn hatten sich kleine Menschenschlangen gebildet und beim einzigen Eingang drängte eine Traube von Besuchern. Von den Ställen wurden die ersten Pferde über die Wiese zu einem Bereich seitlich der Tribünen geführt. Über dem Gelände der Galopprennbahn lag eine merkwürdige Atmosphäre der Spannung und Aufregung.

„Also dann, ich besorge uns die Eintrittskarten", verkündete Matthias Moosburger.

„Das mache ich!", verlangte Romeo und streckte die Hand nach dem Geld aus. Nur widerstrebend vertraute Herr Moosburger es ihm an. Er ließ Romeo nicht aus den Augen, während sich dieser zuerst artig am Ende einer Warteschlange anstellte, sich dann aber, während die Leute vor ihm mit anderen redeten, geschickt weiter nach vorn schob. Sicher dreimal schneller als dies bei seinem Vater gedauert hätte, kehrte er mit einem flatternden Streifen Tickets zurück. Stolz grinste er den anderen entgegen und erwartete Lob, erntete aber nur tadelnde Blicke.

Der Eingang bestand aus einem hohen weiß lackierten Metallzaun. Das einzige Tor war so schmal, dass höchstens zwei Leute gleichzeitig durchgehen konnten. Männer in weißen Hosen und blau-weiß gestreiften Hemden rissen die Eintrittskarten ab.

Die Zuschauerränge waren schon locker gefüllt. Viele Leute waren mit Ferngläsern ausgerüstet, die sie probeweise auf die noch leere Rennbahn richteten. Rechts von den Tribünen waren die Wettschalter zu sehen.

„Das sehe ich mir an", sagte Kolumbus und winkte der Familie zu. Margit und Matthias Moosburger gingen in die andere Richtung, zum Führring, einer rechteckigen Koppel mit weißer Einfassung. Dort wurden die Pferde vor dem Start den Besuchern vorgeführt, denn einige Leute wollten sich über die Tagesverfassung klar werden, bevor sie hohe Wetten wagten.

Etwa hundert Meter vom Führring entfernt, nahe bei zwei Holzhütten, sah Penny den Baron wild mit den Händen gestikulieren. Vor ihm stand eine gebückte ältere Frau in einem ärmlichen braunen Mantel. Von Zeit zu Zeit hob sie mahnend die knochigen Finger. Den Unterkiefer energisch vorgeschoben redete sie dann kurz und blickte dabei zum Baron hoch, der sie um eineinhalb Köpfe überragte. Als Penny nahe genug war, schnappte sie ein paar Wortfetzen auf.

„... alles hier soll verflucht sein, August! Du Halsabschneider! Du Betrüger!"

Von Rott verzog keine Miene. Ungerührt sah er mit seinen eisgrauen Augen auf die zitternde Frau herab.

„Du weißt, ich bin eine Hexe", drohte sie. „Wenn ich will, dann habe ich den bösen Blick. Du wirst schon sehen, was du von deiner Habgier hast. Das alles ...", sie bewegte den Arm zu einer großen Geste über die ganze Rennbahn, „... wird dir Unglück bringen."

„Verschwinde, Berta", sagte der Baron erbost.

„Ich verfluche dich und deine Rennbahn. Tod und Verderben auf alles!" Die Frau spuckte dreimal mit einem kurzen Zischen aus. „Du wirst schon sehen!"

„Verschwinde von meinem Besitz", sagte der Baron langsam und sehr drohend. „Lass dich nie wieder blicken!"

Die Frau funkelte ihn noch ein letztes Mal zornig an, warf den Kopf dann stolz in den Nacken und humpelte in Pennys Richtung. Der Baron verschwand in einer der Hütten und knallte die Tür hinter sich zu.

„Halte dich fern, Mädchen!", rief die Frau Penny warnend entgegen. „Ein verfluchter Ort des Bösen! Heute Abend werden Tränen fließen. Verlass dich drauf. Bittere Tränen!"

„Wie meinen Sie das?"

Etwas Triumphierendes zuckte um die Mundwinkel der alten Frau. Sie gab noch ein kampflustiges „Pah!" von sich, drehte sich dann weg und humpelte an Penny vorbei, die ihr besorgt nachsah. War die Frau vielleicht krank oder verwirrt? Meinte sie das ernst?

„He, du da!"

Die Stimme kam von hinten. Penny wandte sich um und sah Sabrina Farling, die Trainerin. Hektisch strich sie sich mit gespreizten Fingern das mittellange Haar nach hinten und stellte den kleinen Kragen ihrer hellen Bluse sportlich auf. Mit einem Lächeln, das Penny ein wenig künstlich vorkam, schritt sie auf sie zu.

„Tut mir Leid wegen gestern. Es war nur alles etwas viel. Um nicht zu sagen zu viel."

„Schon in Ordnung", erwiderte Penny. Sie deutete auf die alte Frau, von der nur noch die Rückseite des Mantels zu sehen war. „Wissen Sie, wer das ist?"

„Berta von Rott, die Schwester des Barons."

„Sie ist ganz schön zornig."

„Wen wundert es. Der Vater der Rotts, dem das hier alles gehört hat, ist einhundertzwei Jahre alt geworden. Die Eröffnung des Testaments war ein Schock für die alte Berta, die er sein ganzes Leben lang wie eine kostenlose Putzfrau behandelt hatte: Der feine alte Baron hat seinem Sohn August alles vermacht, was wertvoll ist. Die Rennbahn, ein altes Schlösschen und eine Münzsammlung. Seine Tochter Berta, die ihn ihr ganzes Leben lang betreut und umsorgt hatte – der alte Baron saß im Rollstuhl –, wurde mit wertlosem Zeug abgespeist."

„Mit wertlosem Zeug?" Penny verstand nicht, wie sie sich das vorstellen sollte.

„Sie hat eine Hütte in einem verwahrlosten Garten direkt neben der Autobahn bekommen. Wirklich eine Gemeinheit. Und der Baron …" Die Trainerin atmete tief durch. „Ich darf nichts über ihn sagen. Er ist mein Kunde." Sie beugte sich vor und flüsterte vertraulich. „Meiner Meinung nach hätte er seiner Schwester durchaus etwas vom großen Kuchen abtreten können. Der Baron hat sich nämlich nie um den Vater gekümmert. Er war immer nur mit seinen Pferden unterwegs."

„Sie hat gedroht und von Fluch und Ähnlichem gesprochen."

Sabrina klopfte sich Strohhalme vom eleganten Jackett, das aussah wie eines derjenigen, die wohlhabende Gutsbesitzer in England gern tragen.

„Die alte Berta flüchtet sich immer in solche Drohungen, bezeichnet sich selbst als Hexe und legt Flüche und böse Zauber über Menschen und Plätze.“ Sabrina Farling blickte auf. „Das ist ihre Art, mit dem Gefühl der Erniedrigung und Missachtung umzugehen.“

Die alte Frau verschwand hinter einer frisch gestutzten Hecke.

„Mir tut sie Leid“, stellte Penny fest.

„Mir auch“, schloss sich die Trainerin an.

Ein Gittertor öffnete sich mit leisem Klirren und Hermes wurde von einem Stallburschen hereingeführt.

„Er läuft also doch heute!“, sagte Penny mit einem bewundernden Blick auf das edle Pferd.

„Er macht einen sehr fitten Eindruck, unser großer Sieger.“ Stolz legte ihm Sabrina die Hand auf die hohen Schultern. „Jürgen Mölle wird ihn ausgezeichnet reiten. Hermes ist ein Siegertyp. Er lässt sich am Anfang eines Rennens oft Zeit. Es ist ratsam, ihn an vierter Stelle zu halten, weil er gar keinen Ehrgeiz hat, weiter nach vorn zu ziehen. Nähert er sich aber dem Ziel, dann ist er nicht mehr zu halten. Er gab schon Rennen, in denen hat er auf den letzten dreihundert Metern fünf Plätze gut gemacht und ist als Sieger eingelaufen.“

Hermes hatte wach die Ohren gespitzt und beschnupperte Pennys Haare. Lachend machte sie einen halben Schritt zur Seite, als er mit den weichen Lippen an einer Strähne zupfte.

„Er scheint dich zu mögen“, stellte Sabrina lächelnd

fest. Dann aber erinnerte sie sich an ihre Pflichten. „So, ich muss ihn für das zweite Rennen vorbereiten. Die richtige Bleidecke auswählen."

„Bleidecke?" Davon hatte Penny noch nie gehört.

„Galopprennen sollen spannend sein, die Pferde am Start allesamt gleiche Chancen haben. Aus diesem Grund bekommt jedes Pferd sein Handicap zugeschrieben. Je besser es ist, je mehr Siege es schon errungen hat, desto größer das Gewicht, das es tragen muss. Dabei geht es um das Gesamtgewicht von Jockey und Ausrüstung. Um das Gewicht exakt zu erbringen, kein Gramm zu wenig, aber auch keines zu viel, gleichen wir mit Bleidecken aus." Sie nickte Penny zum Abschied zu und steuerte das kleine Holzhäuschen an, in das auch der Baron vorhin gegangen war.

„Tag, Penny!" Fritz, der Stallbursche mit dem runden roten Gesicht und dem schütteren aschblonden Haarschopf übernahm jetzt Hermes.

„Hallo!" Penny wunderte sich, woher der Stallbursche ihren Namen kannte. Fritz schien ihre Gedanken lesen zu können und erklärte: „Golli hat mir von dir erzählt. Hast ihn wohl mächtig beeindruckt!"

Penny tat, als würde sie das leicht schmierige Grinsen nicht bemerken.

„Willst du einen sicheren Tipp?"

„Warum nicht?"

„Setz auf ihn!" Fritz tätschelte Hermes die Flanke. „Er gewinnt sicher."

Plötzlich fiel Penny der Unfall auf der Landstraße wieder ein, der kleine Wagen mit den runden Rücklichtern und Golli, dem das Auto gehörte. Natürlich konnte das auch nur Zufall sein, und Julia und Penny waren am Freitagabend von einem ganz anderen Wagen überholt worden. Zögernd fragte sie: „Fritz, hast du eine Ahnung, was Golli am Freitagabend unternommen hat?“

Der Stallbursch runzelte die Augenbrauen.

„Wie bitte? Was soll die Frage?“

„Nur so.“ Penny fiel in diesem Augenblick keine gute Erklärung ein.

„Ach, du meinst, ob er eine Freundin hat?“ Wieder verzog sich Fritz’ Gesicht zu einem breiten, anzüglichen Grinsen. „Kann dich beruhigen. Er hat keine. Und Golli war daheim. Wir teilen eine Wohnung. Ich habe ihn in seinem Zimmer gehört.“

Obwohl Golli Penny nicht sonderlich sympathisch war, fühlte sie sich fast ein wenig erleichtert. Ihr Verdacht hatte sich nicht bestätigt.

Jürgen Mölle kam mit dem Sattel über dem Arm zum Führring. Penny wunderte sich über das grasgrüne Trikot mit gelben Seitenstreifen und den grünen Überzug seiner Reitkappe.

„Sieht irgendwie albern aus“, stellte sie halblaut fest.

Fritz, der noch neben ihr stand, prustete kurz. „Du hast von Galopprennen wirklich wenig Ahnung.“

„Man kann nicht alles wissen“, gab Penny spitz zurück.

„Jürgen trägt die Farben des Besitzers des Pferdes, das er reitet. Manchmal muss er für jedes Rennen andere Farben anlegen.“

„Und für wen steht dieses Grasfroschgrün mit den gelben Streifen?“

„Eric van Hervig. Jürgen reitet Rosaria, eine Championstute. Gilt als Favorit im ersten Rennen." Fritz sah sich um, ob ihn jemand hören konnte, und raunte Penny dann zu: „Sabrina schäumt. Eigentlich hätte Jürgen nur ihre Pferde reiten sollen. Dummerweise hat sie ihn das aber nicht unterschreiben lassen. Jürgen sind noch zwei weitere Rennen angeboten worden, und da er zu Startgeld und möglichem Preisgeld nie Nein sagt, hat er angenommen. Golli freut sich diebisch."

„Er würde gern selbst die großen Rennen reiten?", vermutete Penny.

Fritz nickte. „Das würde er gern, aber für Sabrina ist er nur der achte Zwerg. Gut fürs Training, aber sonst hält sie nichts von ihm. Lässt ihn wirklich nur gnadenhalber in den unwichtigen Rennen an den Start und nur auf unseren schwächsten Pferden."

Die Stute, die gerade an Penny vorbei zum Führring gebracht wurde, musste Rosaria sein. Sie trug eine Decke in den gleichen Farben wie die, die Jürgen übergestreift hatte. Eine kleine Menschenmenge versammelte sich an der Begrenzung und bestaunte das Pferd und das Spiel seiner Muskeln. Penny sah in der ersten Reihe Romeo stehen, der mit einer Karotte winkte. Ihre Eltern warteten weiter hinten.

Rosaria wurde aufgesattelt und Jürgen Mölle kontrollierte die kurzen Steigbügel. Noch einmal beriet er sich mit dem hageren Trainer, den Penny von ihrer Begegnung am Samstag kannte. Obwohl sie nichts hören konnte, las sie an den Handbewegungen des Trainers ab, dass er mit dem Jockey das Rennen durchging und ihm letzte Anweisungen gab.

Penny trat zu ihren Eltern.

„Vor dem Rennen geben uns die Jockeys eine kleine Kostprobe“, erklärte Frau Moosburger und zeigte auf einen Grasstreifen, der an den Tribünen vorbeiführte. „Das ist der Aufgalopp, damit wir sehen, was in den Pferden steckt.“

Während sie sich freie Plätze suchten, hatte Penny den Kopf die ganze Zeit zurückgedreht, um jeden einzelnen Starter mit seinem Jockey über das kurze Rasenstück fegen zu sehen. Selbst als Laie erkannte sie in Rosalia das größte Talent und die meiste Kraft.

„Habt ihr gewettet?“, wollte Penny von ihren Eltern wissen.

Matthias Moosburger schüttelte energisch den Kopf. Er lehnte jede Art von Glücksspiel ab. Seine Frau lächelte verstohlen in sich hinein, öffnete die Handtasche und zeigte Penny zwei kleine gelbe Zettel. „Rosalia“, flüsterte sie ihr zu. „Zwilling.“

„Zwilling? Verstehe ich nicht!“, flüsterte Penny zurück.

„Das bedeutet, ich wette, dass Rosalia auf Platz eins oder zwei einläuft.“

Nachdem alle Starter aufgaloppiert waren, ging es zur Startbox. Die Box erstreckte sich über die gesamte Breite der Rennbahn und bestand aus einzelnen, engen Abteilen, in denen Pferde und Jockeys dem Start entgegenfieberten. Flog das schmale Tor vor ihnen auf, ging es los.

Der Unfall

In den Lautsprechern, die an allen Pfosten der Tribünen angebracht waren, knackte es. Eine raue Stimme begrüßte zum ersten Rennnachmittag der Saison und stellte die Starter für das erste Rennen vor.

Gleichzeitig öffneten sich alle Starttüren und acht Pferde schossen los. Die Jockeys standen in den Steigbügeln, tief nach vorn gebeugt, voll konzentriert. Die Hufe der Pferde erzeugten ein dumpfes Donnern auf dem Rasen der Rennbahn. Die Meile war angesagt, ein Rennen über 1600 Meter. Rosalia mit der Startnummer vier ging sofort nach dem Start in Führung.

Das Publikum feuerte sie an. Penny warf einen kurzen Blick nach links und rechts und glaubte erkennen zu können, wer auf Rosalia gesetzt hatte. Diese Leute hatten, wie ihre eigene Mutter, einen besonders angespannten Gesichtsausdruck. Fast wie bei einer Schultheateraufführung, in der ein Sohn oder eine Tochter auf der Bühne stand.

Die Pferde hatten knapp ein Drittel der Strecke zurückgelegt und die Stimme des Platzsprechers wurde immer aufgeregter und schneller. Rosalia war auf Platz drei zurückgefallen.

„Sie holt wieder auf! Bestimmt ist sie ein Start-und-Finish-Pferd!“, sagte Frau Moosburger zu sich selbst.

Das Feld fiel immer mehr auseinander. Furioso, ein dreijähriger Hengst, führte mit einer Länge Vorsprung, Rosalia hatte Mühe, Platz fünf zu behaupten.

Die Enttäuschung auf den Tribünen steigerte sich. Jeder hatte mit ihrem sicheren Sieg gerechnet.

Bis zum Ende des Rennens änderte sich nicht viel. Furioso gewann mit zwei Längen Vorsprung, Rosalia lief als Letzte ein und wurde vom Publikum ausgebuht.

Durch die Lautsprecher wurde nicht nur der Sieger bekannt gegeben, sondern auch die Wettquote. Wer auf ihn gesetzt hatte, erhielt den dreifachen Betrag ausgezahlt. Furioso hatte nicht als Außenseiter gegolten, aber auch nicht als Favorit.

„Pech gehabt!" Frau Moosburger zerdrückte die Wetttickets in ihrer Tasche. Sie lächelte vor sich hin und erzählte: „Großmutter hat immer nur auf Außenseiter gesetzt, nie auf die todsicheren Tipps. Richtig hohe Gewinne bringen auch nur die Außenseiter. Da kann man schon mal das Fünfzigfache seines Einsatzes gewinnen. Allerdings ist die Chance, dass so ein Pferd gewinnt, auch winzig."

Von ihrem Platz aus konnte Penny verfolgen, wie die fünf erstplatzierten Pferde und Jockeys in einen abgegrenzten Bereich geführt wurden, wo sie nummerierte Boxen zugeteilt bekamen.

„Jockeys und Ausrüstung werden noch einmal gewogen", erklärte Frau Moosburger. „Wer das verlangte Gewicht nicht hat, wird disqualifiziert."

Jürgen Mölle stieg kopfschüttelnd von Rosalia und wurde sofort von dem hageren Trainer bestürmt. Er machte vorwurfsvolle Gesten und redete heftig auf den Jockey ein. Jürgen zuckte ratlos mit den Schultern.

Romeo tauchte wie aus dem Nichts auf und strahlte seine Mutter an.

„Ich komme in die Zeitung!"

Frau Moosburger zuckte zusammen. Ihr war sofort wieder der Ventilator mit den Farbeimern eingefallen. Hatte Frau Schröder die Geschichte weitergegeben? „In die Zeitung? Wieso?", fragte sie besorgt.

„Ich bin fotografiert worden. Mit dem Pferd." Romeo zeigte hinunter auf Rosalia. „Und nächste Woche bin ich in der Zeitung, hat der Mann mir versprochen."

„Glaube ich nicht", musste ihn Penny enttäuschen. „Die große Favoritin ist Letzte geworden. Ich glaube, das Foto war mehr für den Sieg gedacht."

Enttäuscht verzog Romeo den Mund. „Gemein. In meiner Klasse hätten alle gestaunt."

Das zweite Rennen begann und Hermes ging an den Start. Einen Augenblick lang spielte Penny mit der Idee, auf ihn zu wetten. Ein Blick ihres Vater verhinderte diesen Plan. Rosalias Versagen sollte ihr eine Lehre sein. Die angesagten Triumphe traten nicht immer ein. Außerdem war sie wahrscheinlich auch noch zu jung, um eine Wette abzugeben.

Ein Derby war angesagt, die Strecke also 2400 Meter lang. Acht Pferde galoppierten siegeshungrig los. Das Rennen verlief nicht sehr spannend. Bereits nach den ersten hundert Metern konnte sich Hermes absetzen. Jürgen Mölle, der nun rot-gold, die Farben des Barons, trug, schien auf die Ratschläge von Sabrina nicht zu hören. Sie hatte ihm vorher noch einmal eingeschärft, Hermes während des ersten Teils des Rennens auf Platz zwei oder drei zu halten. Penny sah aber, dass der Jockey den Hengst mit der Reitgerte antrieb und von Beginn an vorn halten wollte.

Pennys hatte von ihrem Platz aus eine ausgezeichnete Übersicht über die Vorgänge beim Führring, beim Absatteln und bei den Preispodesten. Sogar der Turm war zu sehen, von dem aus die Rennkommission die Läufe verfolgte. Diese achtete darauf, dass kein Pferd vom Jockey absichtlich hinten gehalten wurde. Das galt als Betrug und wurde mit Strafen geahndet.

Sabrina Farling stand in der zweiten Reihe und strich sich unentwegt die Haare hinter die Ohren. Dann hob sie die Hände in die Luft, als könne sie so viel Unverständnis und Sturheit nicht verkraften.

Im ersten Teil des Rennens schien Jürgen Mölles Strategie aufzugehen. Er konnte seinen Vorsprung mit Hermes halten. Als sie sich dann aber dem letzten Drittel näherten, ermüdete Hermes, wie Sabrina es vorhergesagt hatte. Der Abstand zum Feld verknappte sich, bis Hermes schließlich mit zwei anderen Pferden Kopf an Kopf lag. Der Jockey kämpfte und holte aus dem Pferd das Letzte heraus. Als er und die beiden anderen das Ziel passierten, war mit bloßem Auge nicht festzustellen, wer Erster geworden war. Eine Kamera hatte beim Einlaufen eine Aufnahme gemacht, die sofort auf einem Bildschirm erschien. Über Lautsprecher wurde Valerio als Sieger bekannt gegeben. Hermes belegte Platz drei. Sabrina war, das war auch aus der Entfernung zu erkennen, auf Jürgen nicht gut zu sprechen. Auch der Baron tauchte kurz auf, warf dem Jockey einen vernichtenden Blick zu und redete kurz auf die Trainerin ein, die in sich zusammensank.

Es war kein erfreulicher Sonntag für die Leute, die Penny in den vergangenen Tagen kennen gelernt hatte.

Die weiteren Rennen verliefen ohne besondere Vorkommnisse. Im dritten und fünften trat Golli an und ritt DimSum, einen muskulösen, etwas grobschlächtigen Hengst, und Apollo, von dem der Mann neben Penny erzählte, er sei eigentlich schon zu alt, um noch zu starten. Der Mann nannte ihn „Rennfutter“ und meinte damit, dass der Hengst nur das Startfeld auffüllen sollte. Golli belegte in beiden Rennen den vorletzten Platz und wurde von niemandem sonderlich beachtet.

Besser lief es für Jürgen Mölle, der noch drei andere Pferde ritt, die Sabrina trainierte. Ein Rennen gewann er, in denen anderen belegte er Plätze unter den ersten Vier. Wie Penny erfuhr, brachten nicht nur der erste Platz Preisgeld, sondern auch die Plätze zwei, drei und vier. Allerdings waren an diesem Sonntag die Preisgelder nicht sehr hoch. Zur feierlichen Eröffnung der Rennbahn in einer Woche standen ganz andere Summen auf dem Spiel.

Aus dem Lautsprecher erfuhr Penny, dass die Nennung von Orlando aus dem Stall von Eric van Hervig kurzfristig zurückgezogen worden war.

Das letzte Rennen stand auf dem Programm, und noch einmal sollte der Starjockey Jürgen Mölle starten. Diesmal mit einem Pferd namens Rubens, das als Außenseiter galt. Penny wollte nicht die ganze Zeit nur sitzen. Deshalb verließ sie die Tribüne und schlenderte noch ein wenig unten beim Führring herum. Von dort aus hatte sie einen besseren Blick auf die Startbox, von einigen auch Startmaschine genannt. Die Nervosität war den Pferden vor jedem Rennen anzumerken. Einige drängten in die enge Koje, aus der sie starten sollten, als könnten sie es kaum erwarten. Andere betraten sie mehr widerstrebend.

Jürgen Mölle wirkte müde. Während er bei den ersten Rennen vor dem Start aufrecht im Sattel gesessen hatte, hing er jetzt nach vorn und schwankte sogar leicht, als säße er nicht auf einem edlen Pferd, sondern auf einem Kamel.

Abermals wurden gleichzeitig alle Türen der Startbox aufgerissen. Es war eine blitzschnelle Bewegung, nach der die Türen in Rennrichtung standen. Rubens war, wie Penny aufgeschnappt hatte, als Startgenie bekannt und bewies es auch an diesem Tag. Während die anderen sich erst in Bewegung setzten, hatten seine Hufe bereits dreimal den Boden berührt. Seltsam war nur Jürgens Haltung. Er hing leicht zur Seite. Das Pferd schien zu wittern, dass mit seinem Reiter etwas nicht stimmte. Nach dem Start, bei dem es wie eine Kanonenkugel vorgeschossen war, fiel es auf den letzten Platz zurück, was zu enttäuschten, ja geradezu wütenden Schreien der Rennplatzbesucher führte.

Später schrieben Zeitungen, dass das Feingefühl des Rennpferdes Jürgen Mölle wahrscheinlich das Leben gerettet hatte. Der Jockey kippte zur Seite und fiel aus dem Sattel. Mit dem rechten Bein blieb er im Steigbügel hängen und wurde von Rubens, der zu dieser Zeit bereits nur noch im Trab lief, mitgeschleift. Schließlich aber löste sich auch der Reitstiefel und Jürgens Körper schlug hart auf. Seine Arme und Beine schlenkerten wie bei einer Gliederpuppe. Regungslos blieb er liegen. Rubens lief aus und sah sich verwirrt um.

Auf den Tribünen waren alle Besucher aufgesprungen, um zu sehen, was mit Jürgen Mölle geschehen war. Das Rennen wurde abgebrochen und jemand rief laut nach Sanitätern und einem Arzt.

Es schien eine halbe Ewigkeit zu dauern, bis endlich eine Frau gelaufen kam. Sie wirkte wie eine Besucherin und kniete sich neben Jürgen nieder. Als Erstes tastete sie an seinem Hals nach der Schlagader. Danach drehte sie sich um und schrie etwas von „Rettungswagen". Penny wagte wieder zu atmen. Der Jockey lebte also, auch wenn es wesentlich schlimmer ausgesehen hatte.

Der Fluch der alten Berta von Rott fiel Penny wieder ein. Sie hatte für den Tag eine Katastrophe angekündigt. Die Verletzungen, die Jürgen erlitten hatte, standen noch nicht fest. Die negative Presse aber würde der Eröffnung am kommenden Sonntag bestimmt nicht helfen.

Während der Heimfahrt sprach keiner der Moosburgers viel. Romeo schlief, weil er mit Philipp die halbe Nacht herumgealbert hatte und müde war. Kolumbus hing den Gedanken über sein Spießertum nach und Penny dachte an den schrecklichen Unfall. Der Renntag war abgebrochen worden, auch wenn dem Baron anzumerken war, dass er die Entscheidung höchst widerwillig getroffen hatte.

Immer wieder dachte Penny an Golli. War es doch sein Wagen gewesen, der den Pferdetransporter in den Straßengraben gedrängt hatte? Hatte er etwas mit Jürgens Unfall zu tun? Fest stand, dass er den Starjockey hasste und ihn als Rivalen empfand, den er gern loswerden wollte. War Jürgen ausgeschaltet, würde vielleicht doch einmal Golli auf den Siegerpferden starten.

Der seltsame Ausfall des Champions aus Eric van Hervigs Stall war Gesprächsthema bei einigen Rennplatzbesuchern, während sie zu ihre Autos auf dem Parkplatz suchten. Penny hatte gehört, dass von einer Urinprobe gesprochen wurde. Es bestand der Verdacht, dass dem Pferd ein Medikament verabreicht worden war.

Dabei werden die Tiere doch Tag und Nacht bewacht, ging es Penny durch den Kopf. Wie hätte es möglich sein sollen, ihnen etwas ins Futter zu mischen? Hätte Eric van Hervig einen Vorteil von einer schlechten Platzierung seiner Superstute? Penny fiel keiner ein, aber sie war auch keine Expertin.

Laut bellend begrüßten Robin und Milli ihr Frauchen. Die struppige Tempelhündin war kaum wiederzuerkennen. Ihr schwarzes Fell war von einer dünnen Matschkruste überzogen, die angetrocknet war und langsam abbröckelte. Auch Robin hatte sich im nassen Lehm gewälzt und hatte nun große Ähnlichkeit mit einem Schlammmonster. Elvis war zu Pennys großer Überraschung nicht zu Hause. Er hatte auch keine Nachricht hinterlassen, wo er hingefahren war. Sein Moped stand jedenfalls nicht auf seinem Platz neben dem Praxiseingang.

Mit dem Gartenschlauch und einer Bürste ausgerüstet versuchte Penny ihre Hunde vom gröbsten Schmutz zu befreien. Freude bereitete es ihr keine, und als sich der klitschnasse Robin schüttelte und über ihr einen feinen Sprühregen aus aufgeweichtem Matsch niedergehen ließ, schimpfte Penny leise vor sich hin. Sie verfluchte auch Elvis, der beim Spazierengehen ein bisschen mehr auf die Hunde hätte Acht geben können.

Es war halb acht, als Elvis endlich heimkam. Pfeifend lief er, immer zwei Stufen auf einmal nehmend, in den ersten Stock, in dem sein Zimmer lag. Penny und Romeo lagen auf dem Sofa vor dem Fernseher und sahen eine Quizshow, bei der sie lautstark mitrieten.

„Wie geht's?" Elvis hatte den Kopf zur Tür hereingesteckt und zwinkerte Penny zu.

„War ziemlich aufregend", sagte Penny zurückhaltend. Irgendwie kam ihr Elvis verändert vor. Sie konnte aber nicht genau sagen, was es war.

„Ich werfe mich in die Badewanne."

„He, was hast du unternommen?", rief Penny ihm nach.

Sein Kopf tauchte noch einmal auf. „Nichts Besonderes. War spazieren und in der Stadt bummeln. Einfach so."

Warum glaubte Penny ihm das nicht? In ihr meldete sich der nagende Verdacht, dass er ihr etwas verschwieg.

„Moment, werde jetzt nicht so eifersüchtig wie er!", ermahnte sie sich im Stillen streng. Warum sollte er nicht einfach nur ein wenig herumgezogen sein?

Milli und Robin räkelten sich neben dem Sofa. Beide waren, nachdem es Penny unter Schwerarbeit gelungen war, sie zu säubern, flauschig weich und dufteten nach dem milden Hundeshampoo.

Später lief im Fernsehen ein Bericht über den Unfall auf der Rennbahn. Es wurden Videos von Jürgen Mölles besten Ritten gezeigt. Dazu schilderte der Reporter in wenigen Worten die Erfolgsgeschichte des Jockeys. Es folgte ein Interview mit dem behandelnden Arzt im Krankenhaus. Er berichtete, dass Jürgen außer Lebensgefahr war, sich aber einen doppelten Schlüsselbeinbruch und eine Fraktur des Unterarms zugezogen hatte. Über die Ursache für den Sturz aus dem Sattel gab der Arzt keine Auskunft.

Der Reporter war nicht so diskret. Er sprach von Gerüchten über Drogen und Aufputschmittel. Jürgen sollte davon zu viel genommen und einen Kreislaufkollaps erlitten haben.

Penny, die sich gespannt aufgesetzt hatte, ließ sich wieder nach hinten in die weichen Kissen sinken. Im Stillen entschuldigte sie sich bei Golli wegen des schweren Verdachts gegen ihn. Nach dem, was sie gerade erfahren hatte, konnte er damit nichts zu tun haben. Es war Jürgen Mölle zuzutrauen, dass er Aufputschmittel nahm. Der Jockey war ständig unterwegs, verbrachte viel Zeit im Flugzeug und litt unter dem Jetlag, den Schwierigkeiten bei der Umstellung zwischen den einzelnen Zeitzonen. Meistens ritt er gleich nach der Ankunft. Medikamente zu nehmen, um besser in Form zu sein, war eine logische Folge.

Vielleicht fand sie während der Woche an einem Nachmittag Zeit, zur Rennbahn zu fahren. Sie wollte sich dort gerne noch einmal umsehen und vor allem mit Sabrina reden.

Doktor Penny

Morgen, Julia!" Penny streichelte Milli und Robin noch einmal über den Kopf und bedeutete ihnen, sich hinzulegen. Neben einer Säule in der Aula hatten sie ihren Stammplatz, auf dem sie den Vormittag verdösten, während ihr Frauchen in der Klasse saß.

Julia war gerade durch das Schultor getreten und ging auf die Treppe zu. Sie lächelte schwach in Pennys Richtung, blieb aber nicht stehen. Penny warf einen letzten Kontrollblick zu den Hunden, die sich manchmal gar nicht von ihr trennen wollten und einfach nachkamen. Der Direktor der Schule duldete sie gerade noch in der Aula, konnte aber ziemlich ungemütlich werden, wenn sie in einem der anderen Stockwerke auftauchten. An diesem Montag war Pennys Sorge aber unbegründet: Milli hatte schon die Schnauze zwischen die Pfoten gelegt und Robin blickte ihr nur vorwurfsvoll nach.

„Wie war dein Wochenende?", wollte Penny wissen. Sie hatte sich an einigen Jungen und Mädchen vorbeidrängen müssen, um Julia auf der Treppe einzuholen.

„Schön."

„Was unternommen?"

„Nein."

Penny musterte ihre Freundin von der Seite.

„Ist etwas?"

Mit einer Hand presste Julia ihre rote Mappe an die Brust, mit der anderen zupfte sie ihr rotbraunes Haar am Hinterkopf zurecht. Sie hatte dort eine rote Narbe und achtete immer darauf, dass die Haare sie verdeckten.

„Nichts ist“, versicherte sie nicht sehr überzeugend.

„Ist es wegen Freitag? Hast du noch Ärger mit deinen Eltern bekommen?“

Ein stummes Kopfschütteln.

Penny beugte sich vor, um ein wenig von Julias Gesicht zu sehen, die den Kopf tief gesenkt hielt.

„He, ist es überhaupt wegen des Pferdes? Weil du nicht reiten kannst – zur Zeit?“, fügte sie hinzu.

„Du hast mich am Sonntag nicht angerufen“, platzte Julia schließlich vorwurfsvoll heraus.

„Was? Ich meine ... na ja ...“ Pennys Gewissen meldete sich. Unrecht hatte Julia nicht. Die Mädchen telefonierten immer am Wochenende. Diesmal war Penny der Ausflug auf die Rennbahn dazwischengekommen, und um ehrlich zu sein, am Abend hatte sie es vergessen.

„Tut mir Leid. Ich ...“ Es fiel ihr keine gute Entschuldigung ein. Natürlich hatte es mit den Pferden zu tun. Penny vermied das Thema in Julias Gegenwart, weil sie die Freundin nicht traurig machen wollte.

„Vergiss es!“, sagte Julia. Sie hatten die Klasse erreicht und gingen zu der Bank, die sie teilten. Noch immer beobachtete Penny Julia genau. Das Mädchen war völlig verändert. Als hätte es etwas wirklich Schwerwiegendes auf dem Herzen. Aber wieso sagte sie Penny nichts? Warum war sie auf einmal so verschlossen?

Während des ganzen Schultages versuchte Penny, mehr aus Julia herauszubekommen, holte sich aber am Ende nur eine ziemlich barsche Abfuhr.

„Jetzt lass mich endlich in Frieden!“, fuhr Julia sie an und lief mit großen Schritten davon. Besorgt sah Penny ihr nach.

Am Nachmittag brütete sie über ihren Hausaufgaben. Sie konnte sich nicht richtig konzentrieren. Immer wieder schweifte ihr Blick durch das Fenster auf die Bäume hinaus, die in frischem, saftigem Hellgrün standen.

„Aua!“ Beim Grübeln hatte sie begonnen, an ihrem Kugelschreiber zu kauen. Dabei hatte sie zu fest zugebissen und das Plastik zum Splittern gebracht. Erstens spürte sie jetzt Splitter im Mund und zweitens tat ihr der Zahn weh.

Penny holte sich das Funktelefon und wählte Julias Nummer. Niemand hob ab. Enttäuscht legte sie den Hörer wieder nieder. Aus der Küche drang Ivans fröhliches Pfeifen. Er war fast immer gut aufgelegt und sang oder pfiff bei der Arbeit. Penny stieß die Küchentür auf und wurde Zeugin eines sehr komischen Spektakels.

Links und rechts von Ivan standen Milli und Robin. Mit gespannter Aufmerksamkeit sahen sie zu ihm hoch. Die Haltung seiner Finger ließ Hundekuchen in den Händen vermuten.

„Und noch einmal“, sagte Ivan, jede Silbe betonend. Für Penny hörte er sich an wie ein Ballettmeister, der eine neue Choreografie einstudierte. Sie staunte nicht schlecht, als Ivan Fuß vor Fuß setzte und die Hunde es ihm nachmachten. Drei Schritte vor, drei Schritte zurück. Drehen, drehen, drehen. Dann hob er ein Bein und Milli umrundete das andere. Danach hob er das andere Bein und Robin versuchte das Gleiche zu machen wie zuvor Milli. Da er allerdings viermal so groß war, passte er nicht so leicht zwischen Ivans Beinen durch. Er brachte ihn aus dem Gleichgewicht, Ivan wackelte kurz, konnte sich nirgendwo festhalten, stürzte und landete zwischen den beiden Hunden auf dem Küchenfußboden. Sofort stürzten sich Milli und Robin auf ihn und begannen sein Gesicht abzulecken. Lachend richtete er sich wieder auf und wuschelte ihnen die Köpfe.

„Was ist denn das?“, meldete sich Penny.

„Dog Dance“, antwortete Ivan und wischte sich das Gesicht mit dem Unterarm ab. „Habe ich im Fernsehen einmal gesehen und wollte es selbst ausprobieren. Wir proben schon seit drei Wochen.“

„Gut! Robin und Milli macht es jedenfalls Spaß!“

Hechelnd kamen die Hunde zu Penny und schmiegten sich an ihre Beine. Sie streichelte sie liebevoll.

„Du, Ivan“, begann Penny.

„Du, Penny?“, äffte er sie nach.

„Lass den Quatsch.“

„Lass den Quatsch.“

„Jetzt hör auf!“

„Jetzt hör auf!“

„Mit dir kann man nicht vernünftig reden.“

„Mit dir kann man nicht vernünftig reden.“

Penny stieß einen tiefen Seufzer aus. Ihre Hunde taten es ihr nach. Darauf mussten Ivan und sie wieder lachen.

„Na, ihr habt es ja lustig hier!“ Frau Moosburger war hinter Penny aufgetaucht und holte sich ein Glas aus dem Schrank. Sie füllte es mit Wasser und leerte es in einem Zug.

„Ich habe versprochen, heute noch einmal nach Moses zu sehen. Willst du mitkommen, Penny?"

„Ja, gerne." Eigentlich hatte sie mit Ivan über Julias komisches Verhalten reden wollen, aber das konnte sie auch später tun.

Durch die Verbindungstür zur Praxis trat Elvis. Er griff nach dem Funktelefon, bemerkte Penny und zwinkerte ihr zu.

„Alles unter Kontrolle?"

„Nicht wirklich", erwiderte Penny wahrheitsgemäß. Elvis erkundigte sich nicht nach dem Grund, sondern winkte ihr nur zu und lief die Treppe hoch. Penny sah ihm nach und schüttelte den Kopf.

„Wir müssen uns beeilen", drängte ihre Mutter.

Die Fahrt dauerte eine knappe Stunde und endete vor einem modernen weißen Bau. Frau Moosburger führte Penny zur Rückseite, wo ein zweites, kleineres Gebäude und eine Mauer einen Hof bildeten. Das kleinere Gebäude war das Ziel. Margit Moosburger klingelte, und während sie warteten, deutete sie auf den etwas kalten, kahlen Bau.

„Hier ist ein Institut für Verhaltens- und Intelligenzforschung untergebracht. Im Auftrag dieses Instituts konnte Christina Moses trainieren und studieren."

Ein schlaksiger junger Mann öffnete und begrüßte Pennys Mutter erfreut, aber mit sehr besorgter Miene.

„Es steht schlimm um ihn", sagte er leise, als könne Moses sie hören. Er führte die Besucher durch einen kurzen Flur und drückte vorsichtig eine Holztür auf. Das Zimmer war hell und geräumig. Zwischen Boden und Decke waren entrindete Baumstämme verspreizt und verschraubt. Auf Tischen lag Spielzeug, wie es sonst Babys und Kleinkinder bekommen: eine Plastikuhr mit großen Zahlen, Würfel in verschiedenen Farben, Kugeln, Pyramiden und Quader aus Holz und eine Kiste, in die wahllos verschiedene Gegenstände geworfen waren. Penny erkannte Schlüssel, eine Schere, Tassen, ein Säckchen Erdnüsse und vieles andere.

In einem der Kletterbäume turnten zwei Graupapageien herum. Ihr Gefieder schimmerte in Weiß- und Grautönen, die Schwanzfedern leuchteten rot.

„Tritt ein, bring Glück herein", krächzte einer der Papageien Frau Moosburger und Penny entgegen.

„Hallo! Wie geht es dir, Aaron?", grüßte ihn Margit Moosburger ganz selbstverständlich.

Der Papagei neigte den Kopf zur Seite und gab brabbelnde Laute von sich, antwortete aber nicht.

Auf dem zweiten Kletterbaum entdeckte Penny das Sorgenkind. Moses war sofort am kahlen Fleck auf seiner Brust zu erkennen. Seine Federn wirkten stumpf, seine Augen müde. Dumpf vor sich hin brütend, kauerte er da und nahm von den Besuchern keine Notiz.

In einer Ecke stand ein Schreibtisch mit Computer, Telefon und Körben zur Ablage. Dahinter wartete ein Drehstuhl. Der Platz wirkte sehr verwaist.

„Hier hat Christina immer gesessen und gearbeitet. So hatte sie Kontakt zu den Papageien, konnte aber trotzdem ihre Aufzeichnungen und Berichte machen", erzählte der Mann, der sich als Klaus vorstellte.

Pennys Mutter hatte sich zu Moses gesellt und redete mit ruhiger Stimme auf ihn ein.

„Moses kann das Klingeln des Telefons nachahmen.“ Klaus lachte vor sich hin, als er sich erinnerte, wie der Papagei sie damit öfters verblüfft hatte. „Christina ist auch draufgekommen, wieso er seinen Ehrgeiz hineinlegte, das Klingeln so perfekt nachzuahmen.“

Penny wartete gespannt auf die Erklärung.

„Er wollte erreichen, dass sich Christina dann um ihn genauso kümmert wie um das echte Telefon. Papageien sind sehr, sehr anhänglich und liebebedürftig. Moses und Christina aber, die waren unzertrennlich.“

„Frisst er noch immer nicht?“, fragte Frau Moosburger quer durch den Raum.

Bekümmert schüttelte Klaus den Kopf.

Hinter dem Schreibtisch an der Wand stand ein kleines Regal, in dem sich wissenschaftliche Zeitschriften stapelten. Auch eine Digitalkamera gab es da, ein Radio, einen Kassettenrecorder und ein Diktiergerät.

„Aaron tritt ins Moses’ Fußstapfen“, redete Klaus weiter, der ganz offensichtlich froh war, mit jemandem plaudern zu können. „Da, sehen Sie!“ Klaus nahm eine Tomate aus einem Karton und hielt sie Aaron vor den Schnabel. „Welche Farbe?“, fragte er ihn.

Der Papagei wippte auf und nieder.

„Grün“, gab er schließlich von sich.

Moses, der die Tomate nur aus dem Augenwinkel gesehen hatte, verbesserte ihn lautstark: „Rot!“

Margit Moosburger schmunzelte. Bei all seiner Trauer schien Moses noch nichts verlernt zu haben, was Christina ihm in all den Jahren beigebracht hatte.

„Rot!“, wiederholte Aaron. „Rund!“, fügte er noch hinzu, um die Scharte von vorhin auszuwetzen.

„Ich tue wirklich alles, was in meiner Macht steht. Aber Moses will nur seine Christina wieder haben." Klaus ließ sich niedergeschlagen auf den Drehstuhl fallen.

„Er hat Christina in seinen Schwarm aufgenommen", erklärte Pennys Mutter. „Vielleicht hat es ihn gewundert, wie groß sie ist und dass sie nicht fliegen kann, aber am Ende hat er sie doch für eine seiner Art gehalten. Eine, die er ganz besonders ins Herz geschlossen hat. Weil sie nicht mehr kommt, denkt er, sie sei gefressen worden. Dieses Gefühl scheint ein angeborener Instinkt zu sein. Papageien sind sehr treu, aber das Leben in freier Natur ist gefährlich."

„Frau Doktor, was soll ich nur machen?" Klaus war sehr verzweifelt.

Frau Moosburger wusste auch keinen Ausweg. Obwohl Moses' Kontakt zu seinen beiden Artgenossen gut war, überstieg der Kummer über den Verlust von Christina alles.

„Ich werde weiter herumtelefonieren. Bisher hat mir kein Kollege einen Ratschlag erteilen können, der sich Erfolg versprechend angehört hätte."

„Ich weiß nicht, wie lange Moses noch durchhält", meinte Klaus, als er Penny und ihre Mutter zum Ausgang begleitete. Aus dem Zimmer der Papageien drang das ratternde Geräusch und das Pfeifen eines Faxgerätes. „Das ist Nina, der dritte Graupapagei", erklärte Klaus. „Sie liebt vor allem das Faxgerät."

Nachdem sie sich verabschiedet hatten, blieb Klaus noch in der Tür stehen.

„Mutti?"

„Ja?“

Moses hat doch mit Christina telefoniert?“

Klaus, der Pennys Frage gehört hatte, trat zum Auto. „Das hat er tatsächlich. Nur so konnten die Wochen überbrückt werden, während denen sie unterwegs war. Ganz andächtig saß er neben dem Hörer und lauschte ihrer Stimme.“

„Gibt es keine Aufnahme ihrer Stimme? Auf dem Diktiergerät vielleicht oder auf einer Kassette?“

„Das könnte funktionieren. Warum bin ich da nur nicht selbst drauf gekommen?“ Frau Moosburger schloss die Autotür sofort wieder.

„Diktierkassetten gibt es eine ganze Schachtel voll“, sagte Klaus eifrig, als er mit den beiden wieder zu den Papageien zurücklief. „Und Christina ließ manchmal das Band mitlaufen, wenn sie Moses neue Wörter beizubringen versuchte.“

„Penny, wenn das klappt, dann bekommst du meinen Doktortitel“, scherzte Frau Moosburger.

Nachdem Klaus den Rekorder auf den Tisch gestellt hatte, kramte er in den Schreibtischschubladen und beförderte schließlich einen länglichen Plastikbehälter heraus, in dem sich mindestens zwanzig Kassetten befanden. Seine Hände waren unruhig, als er eine in das Gerät einlegte und die Play-Taste drückte.

„Hallo, Moses, wie geht es dir?“, tönte die weiche, einschmeichelnde Stimme Christinas.

Mit einem Ruck hob der Papagei den Kopf und gab einen fragenden Laut von sich.

„Wie geht es dir heute?“, wiederholte Christina auf dem Band.

„Gut, gut, gut!“, gab Moses schnarrend von sich und wippte freudig hin und her. „Moses traurig.“

„Pass auf, ich zeige dir etwas. Was ist das?“

„Wo?“, kam es aufgeregt von Moses. Schnell hob Klaus einen Bleistift hoch und hielt ihn in Moses Richtung.

„Stift!“, verkündete der Papagei sofort stolz. Seine eigene Stimme auf Band, die „Apfel“ krächzte, beachtete er gar nicht.

Es war berührend zu beobachten, wie der Papagei auf die Stimme der Trainerin reagierte. Er verstand nicht alles, doch das war egal. Allein der Klang veranlasste ihn, sich zu schütteln, sein Gefieder aufzuplustern und eine aufrechte Haltung einzunehmen.

„Das kann klappen“, flüsterte Frau Moosburger Penny zu. „Da es unterschiedliche Bänder gibt, sogar ziemlich problemlos.“

Klaus hatte fasziniert und erleichtert die Veränderung beobachtet, die mit dem Papagei vor sich gegangen war. Moses schaffte es sogar, zu ihm zu fliegen und nach der Tomate zu verlangen. Er begann gierig zu fressen. Der Tomatensaft tropfte aus seinem Schnabel auf die Jacke von Klaus, aber diesen störte das kein bisschen. Irgendwann war die Kassette zu Ende und der Rekorder schaltete sich automatisch ab. Moses hob den Kopf, stutzte und brabbelte: „Hab dich lieb.“

Penny und Frau Moosburger wechselten einen gerührten Blick.

„Gut gemacht, Frau Doktor!“, lobte Pennys Mutter lächelnd.

Penny platzt der Kragen

Am Mittwoch platzte Penny der Kragen gleich zweimal.

Zuerst in der Schule. Mittwochs endete der normale Unterricht um halb zwei. Danach hatten sie neunzig Minuten Pause und ab drei Uhr ging es weiter mit zwei Stunden Volleyball. In den vergangenen Wochen hatten Julia und Penny die Pause in einem kleinen Cafe verbracht, in dem es den besten Toast der Stadt gab. Die Toastspezialitäten hießen zum Beispiel „Herzschmerz" (Käse, Erdbeeren und grüner Pfeffer), „Kussturbo" (Kirschen, Käse, Schinken und ein Klecks Majonäse), „Kraftstück" (Gemüse, Käse und Chilli) und wenn sie auch nicht immer hielten, was der Name versprach, schmeckten sie trotzdem erstklassig.

Natürlich war Penny der Meinung gewesen, sie würde auch an diesem Mittwoch die Pause mit Julia verbringen. Als sie aus der Schule traten, verabschiedete sich Julia auf einmal und wandte sich in eine andere Richtung.

„He, Moment mal, bleib da!" Da Julia nicht stehen blieb, lief Penny ihr nach. „Wieso machst du das? Warum lässt du mich einfach stehen? Sag bitte endlich, was los ist!"

Julia presste die Lippen zusammen und hielt den Kopf gesenkt. Sie vermied es, Penny anzusehen.

„Was ist? Hat es doch mit dem Pferd zu tun? Wollen deine Eltern nicht mehr, dass wir befreundet sind?"

Ein stummes Kopfschütteln war die Antwort.

„Julia, irgendetwas muss doch geschehen sein!“, brauste Penny auf.

Das Mädchen, das noch vor wenigen Tagen ihre Freundin gewesen war, sah auf und sagte leise: „Es ist vielleicht, weil du reiten kannst und ich nicht. Und weil du zur Rennbahn gefahren bist und mir nichts gesagt hast.“

„Das klingt lahm“, platzte Penny heraus.

Unerwartet spitz entgegnete Julia. „Vielleicht. Ja. Vielleicht. Wie auch immer. Lass mich jetzt in Ruhe! Ich … ich brauche Abstand.“

Damit aber reizte sie Penny nur noch mehr. „Abstand? Wovon Abstand? Julia, hast du sie nicht mehr alle? Spinnst du?“

Pennys Hunde hielten sich im Hintergrund und fühlten sich unbehaglich. Streit mochten Milli und Robin überhaupt nicht.

Ohne eine Antwort zu geben, schritt Julia davon.

„Du spinnst!“, schleuderte ihr Penny aufgebracht hinterher. Sie hatte schon einiges erlebt, jetzt aber war sie fassungslos. Penny spürte, wie ihr Herz schneller schlug und sie heftig atmete. Es war dieses große Fragezeichen, das zwischen Julia und ihr stehen geblieben war, das sie so beunruhigte. Hatte sie, Penny, etwas falsch gemacht? Hatte sie sich nicht genug um Julia gekümmert? Hätte sie ihr vielleicht am Freitagabend, als sie sie ins Haus begleitete hatte, vor den Eltern verteidigen sollen? Sie machte sich Vorwürfe, ohne aber genau zu wissen, warum.

Schließlich ging sie allein ins Cafe und bestellte sich

ihren Lieblingstoast mit Käse, Pfirsichspalten und Zwiebelmarmelade. Warum er „Kaiserimbiss" hieß, hatte sie noch nie verstanden. Aus ihrem Rucksack zog sie das Handy und wählte Elvis' Nummer. Nach dreimaligem Freizeichen schaltete sich seine Mobilbox ein. Einige Minuten später versuchte sie es erneut und dann noch einmal. Jedes Mal das Gleiche! Penny wusste, dass Elvis das Handy immer ausschaltete, wenn er nicht abheben konnte. Das Läuten und die Umleitung auf die Mobilbox bedeutete, dass er gerade telefonierte, ihren Anruf aber nicht auf die zweite Leitung nahm.

Wieso nicht? Er musste doch auf der Anzeige sehen, dass sie es war. War er so sehr in ein Gespräch vertieft? Hörte er nicht auf das Klopfen im Hörer? Mit wem redete er da?

Die Frage nach der Person, mit der Elvis telefonierte, war zuerst nur wie ein sanftes Nagen, wurde aber von Minute zu Minute heftiger, bis sie die Größe und Schärfe eines Haigebisses hatte.

Endlich! Penny landete nicht auf der Mobilbox, sondern hörte Elvis' echte Stimme. Gehetzt meldete er sich mit einem knappen: „Ja, hallo?"

„He, ich bin's, wie du auf der Anzeige sehen kannst."

„Ich habe keine Zeit. Ich muss in die Praxis."

Wut stieg in Penny auf.

„Moment. Du hast soeben geschlagene zweiundzwanzig Minuten mit jemandem telefoniert. Vielleicht sogar noch länger. Seit zweiundzwanzig Minuten versuche ich jedenfalls dich zu erreichen. Dafür hast du Zeit und für mich nicht?" Erstaunt hörte sie ihre eigene Stimme, die schrill wurde.

„Mach jetzt kein Theater“, brummte Elvis, ohne eine Erklärung zu geben.

„Mit wem hast du so lange geredet?“, entschlüpfte es Penny. Ah! Nein! Sie hätte sich selbst ohrfeigen können. Jetzt wusste er natürlich, dass sie eifersüchtig und misstrauisch war.

„Wieso muss ich mich für jede Minute meines Tages und für jeden Schritt rechtfertigen? Du tust das auch nicht.“ Elvis klang trotzig wie ein kleines Kind.

Die Wut in Pennys Bauch explodierte.

„Weißt du was, vergiss es! Vergiss mich!“, giftete sie ins Telefon. „Kannst mich gern haben!“, fügte sie noch hinzu, bevor sie auflegte. Finster starrte sie durch die große Glasscheibe auf die Straße hinaus. Menschen hetzten vorbei. Gegenüber, auf der anderen Seite, küssten sich ein Junge und ein Mädchen. Penny versetzte der Anblick einen Stich.

Er will mich absichtlich eifersüchtig machen, ging es ihr durch den Kopf. Weil ich mich immer über seine Eifersucht lustig mache, will er mir jetzt vorführen, wie das ist. Sie fand das weder originell noch witzig. Es war allerdings nicht lustig, sich am selben Tag innerhalb weniger Stunden mit der besten Freundin und dem Freund zu streiten.

Beim Volleyballtraining war sie nicht bei der Sache und verschuldete deshalb auch die Niederlage ihres Teams.

Doch als sie sich endlich auf den Heimweg machen konnte, schmolz ihre Wut immer mehr zusammen, je näher sie der Hammerschmiede kam. Sie wollte sich nur noch mit Elvis versöhnen. So schnell wie möglich.

Auch wenn er sich unmöglich benommen hatte, war er doch ihr Freund. Sie wollte ihm alles verzeihen. Großmütig und edelherzig. Als sie mit dem Fahrrad die Zufahrtsstraße herunterkam und auf das braun-weiße Haus zurollte, stellte sie mit einem Blick fest, dass nichts so war, wie es sein sollte.

Elvis' Moped stand nicht an seinem Platz neben dem Eingang zur Tierarztpraxis.

Ivan schleppte gerade einen Korb mit frisch gebügelter Wäsche die Treppe hoch, als sie in die Diele stürmte.

„Hast du Elvis gesehen?", wollte sie von ihm wissen.

Ivan zögerte mit der Antwort.

„Was ist los? Red schon!" Ivan wusste etwas, das Penny nicht sehr freuen würde, und wollte es ihr lieber verschweigen. Davon war sie überzeugt.

„Ihr habt Zoff, nicht wahr?"

„Schon wahr!" Penny sah Ivan flehend an. Besser, eine schlechte Nachricht erfahren, als diese Ungewissheit.

„Ich glaube, er braucht einfach nur frische Luft", erwiderte Ivan und ging weiter.

„Frische Luft? Ivan, rede, was ist los?"

„Ihr seid zwei Hitzköpfe, das ist los. Und ab jetzt hat die Praxis Dr. Ivan geschlossen und ich will nichts mehr hören."

Aus Erfahrung wusste Penny, dass Ivan keine Auskünfte mehr geben würde. Wütend schleuderte sie den Rucksack in eine Ecke.

In der Küche traf sie auf ihren Vater, der vor dem Kühlschrank stand und alles Mögliche naschte.

„Gut, dass du schon da bist. Ich bin zur Rennbahn

gerufen worden und habe mir gedacht, du willst vielleicht mitkommen."

„Von mir aus", knurrte Penny missmutig. Heftig riss sie an der Tür des Gläserschranks, sodass die Gläser klirrend sprangen.

Romeo fegte in die Küche und sah sich suchend um.

„Hallo, wie wäre es mit Grüßen?", hielt ihn sein Vater auf.

„Keine Zeit. Wo ist die Zeitung?"

„Stopp, junger Mann. Wir haben alle hier Manieren."

Mit dem Zeigefinger deutete Romeo auf Penny. „Sie darf herumfuhrwerken, dass alles klirrt. Wenn ich das mache, schimpfst du mit mir. Immer muss ich mich benehmen, aber Penny und Kolumbus nicht."

„Das ist nicht wahr. Sie müssen sich genauso benehmen." Dr. Moosburger setzte eine strenge Miene auf. „Also, Penny, bitte, reiß nicht so am Glasschrank."

Für Ermahnungen dieser Art hatte Penny keine Nerven. Sie verdrehte die Augen, füllte ein Glas mit Wasser und zog ab. Hinter sich hörte sie Romeo wild in der Zeitung blättern.

„Ich bin noch immer nicht drin", beschwerte er sich. „Jetzt sind schon drei Tage um."

„Das ist manchmal leider so", tröstete ihn Dr. Moosburger.

„Der Mann hat es versprochen. Er hat versprochen, dass das Foto in die Zeitung kommt." Romeo war über die Unzuverlässigkeit der Erwachsenen sehr enttäuscht.

Der Tierarzt musste in der Praxis noch seine große Bereitschaftstasche nachfüllen, da bei den letzten Besuchen Medikamente und Verbandsmaterial verbraucht worden waren. Penny nützte die Zeit und brachte ihren Rucksack nach oben. Danach trat sie vor das Haus und sog die angenehm frische Luft ein. Es war ein kühler Tag, trotzdem aber war der Duft des Frühlings zu riechen.

Mit viel Schwung kam ein Motorrad vor das Haus gefahren, wo der Fahrer es elegant abbremste. Der Sturzhelm wurde abgenommen und das strahlende Gesicht eines jungen Mädchens kam zum Vorschein. Sie besaß eine zierliche Nase und ein perfektes Profil, um das Penny sie sofort ein wenig beneidete. Sie kam sich nämlich manchmal etwas unförmig vor. Mit ein paar Kopfdrehungen schüttelte das Mädchen ihre wilde rote Lockenmähne aus, die geschmeidig auf ihre Schultern fiel.

„Tag! Ich suche Kolumbus!“, rief sie Penny zu.

„Der ist nicht da. Ich bin Penny, seine Schwester.“

„Penny, der Sturkopf!“, sagte das Mädchen grinsend.

„Wie bitte?“

„So nennt er dich und er meint es sehr respektvoll.“ Die Motorradfahrerin stieg ab, und selbst in dem dunklen Motorradanzug war ihre gute, schlanke Figur zu erahnen. Lässig kam sie auf Penny zu und streckte ihr die Hand entgegen.

„Ich bin Alina. Hat Kolumbus noch nie von mir erzählt?“

Penny lächelte. „Hast du ihm vorgeworfen, spießig zu sein?“

Alina lachte auf und zeigte strahlend weiße Zähne.

„Ja, das war ich. Und es muss ihn tief getroffen haben. Er ist aufgesprungen und beleidigt abgezogen.“

„Aber weiße Hemden und Jeans sind doch nicht spießig", warf Penny ein.

„Gegen die habe ich auch nichts."

„Was ist dann so spießig an Kolumbus?"

Alina streichelte Robins Kopf, der sich neugierig zu ihr drängte, und bückte sich, um auch Milli zu kraulen, die sich an ihrem Bein aufgerichtet hatte.

„Spießig sind seine Ansichten. Er denkt wohl noch immer, Frauen gehören an den Herd. Außerdem hat er mir einen Vortrag darüber gehalten, wie oft du mit deiner Dickköpfigkeit auf die Nase fällst. Er wünscht sich wohl so ein zahmes Weibchen, das sich an seine Brust schmiegt und ihn ‚mein Retter' nennt."

Zum ersten Mal an diesem Tag lachte Penny herzlich. Was Alina da erzählte, traute sie Kolumbus durchaus zu. Sie konnte sich vorstellen, dass ihr Bruder vor der selbstbewussten Alina Angst hatte, sie aber gleichzeitig anbetete.

„Ich werde hier auf ihn warten", verkündete Alina. „Er denkt wohl, er sei mich los. Aber so übel ist er gar nicht und seine Ansichten werden wir auch noch ändern. Nicht wahr?" Sie zwinkerte Penny wie einer Verbündeten zu.

„Darauf kann er sich verlassen."

Gefahr auf der Rennbahn

Einen Großteil der Strecke hingen Matthias Moosburger und seine Tochter ihren Gedanken nach. Schweigend starrten sie durch die Windschutzscheibe auf die Straße.

„Du und Elvis“, begann Pennys Vater auf einmal.

Penny richtete sich steif auf. Ihr Instinkt warnte sie schon die ganze Zeit. Es war etwas im Busch. Wieso fragte jetzt auch ihr Vater nach Elvis.

„Also, ihr zwei, hattet ihr Streit oder so?“

„Nicht, dass ich wüsste“, erwiderte Penny bitter. „Er war nur in letzter Zeit oft so eifersüchtig.“

„Gibt es einen Grund?“

„Nein!“

„Wieso ist er es dann?“

„Das musst du ihn selbst fragen. Aber warum kommst du drauf, dass wir Streit hatten?“

„Weil ich ihn kenne. Er war die vergangenen Tage mit den Gedanken nicht bei der Sache. Darum dachte ich ...“

Penny seufzte tief. Es musste etwas anderes geben, das Elvis beschäftigte und das auch mit ihr zu tun hatte. Gleich nach der Rückkehr von der Rennbahn würde sie ihn zur Rede stellen. Für Ausflüchte würde sie ihm keine Gelegenheit mehr lassen.

Der Tierarzt parkte vor dem Renngebäude. Vom Parkplatz aus konnte man zwischen den Tribünen hindurch zur Rennbahn sehen, auf der gerade ein Pferd im gestreckten Galopp dahinflog. Dr. Moosburger trat durch das offene Tor und deutete auf Sabrina Farling, die an der Absperrung zur Rennbahn stand und durch ein Fernglas Pferd und Reiter beobachtete. Sie hatte die Schultern hochgezogen und trat von einem Bein auf das andere, um sich ein wenig zu wärmen. Die freie Hand hatte sie in die tiefe Tasche ihrer braunen Allwetterjacke gebohrt. Dr. Moosburger sprach sie an, woraufhin sie sich zu ihm umdrehte.

„Ah, der Tierarzt, der Hermes nach dem Unfall untersucht hat!“, begrüßte ihn die Trainerin.

„Woran haben Sie mich erkannt?“, fragte Matthias Moosburger verwundert.

Sabrina deutete auf seine Tasche. „Erstens verrät dieses schwere Ding jeden Tierarzt und zweitens kenne ich Ihre Tochter.“ Sie hob grüßend die Hand in Pennys Richtung. „Unser Tierarzt ist leider schwer erkrankt, und deshalb hat der Baron vorgeschlagen, Sie zu rufen. Es geht nämlich um Hermes. Er hat Atemprobleme.“

Die Trainerin rief dem Reiter zu, er solle auf sie warten, und begleitete Dr. Moosburger zu den Stallungen. Penny stapfte neben den beiden her.

„Was gibt es Neues von Jürgen Mölle?“, erkundigte sie sich beiläufig.

„Er kann erst Ende der Woche aus dem Krankenhaus entlassen werden und zum Wochenende nicht reiten. Es geht ihm nicht gut.“

„Stimmt das mit dem Aufputschmittel?“

„Ja und nein.“ Sabrina Farling überlegte, wie sie es ausdrücken sollte. „Jürgen nimmt Tabletten gegen den Jetlag. Er trinkt außerdem so einen Energydrink, der ihn aufputscht. Gesund lebt er nicht, Verbotenes tut er aber auch nicht." Sie zögerte, weiter zu sprechen. Schließlich entschied sie sich aber doch dafür, alles zu sagen. „Jürgen ist sicher, dass ihm jemand ein Mittel verabreicht hat, das den Zusammenbruch verursacht hat."

Matthias Moosburger machte ein ungläubiges Gesicht. „Wer auch immer das getan hat, wäre um ein Haar zum Mörder geworden. Es ist Rubens zu verdanken, dass der Jockey nicht die Hufe eines anderen Pferdes auf den Kopf bekommen hat."

Die Trainerin nickte niedergeschlagen. „Die Polizei ist eingeschaltet. Die Blutuntersuchung hat bisher aber nichts ergeben. Trotzdem glaube ich Jürgen. Ich habe mit mehreren Kollegen über ihn gesprochen und jeder kann nur das Beste berichten."

„Stimmt es, dass das Pferd von Eric van Hervig negativ gedopt worden ist?", fragte Penny weiter. „Ich glaube, es hieß Rosalia."

„Woher weißt du das?" Sabrina Farling war überrascht, wie gut Penny informiert war.

„Nur so aufgeschnappt."

„Ja, es stimmt. Die Urinuntersuchung hat es eindeutig ergeben. Mein Trainer-Kollege ist nicht nur mit einer hohen Geldstrafe belegt worden, sondern auch bereits gefeuert. Er hat außer den van-Hervig-Pferden auch noch dreißig andere, fast durchwegs teure Tiere, trainiert. Die Besitzer waren auf einmal beunruhigt, weil er nicht mehr für die Sicherheit der Tiere garantieren konnte, und deshalb haben sie ihm das Vertrauen entzogen. Eine Katastrophe für den Mann. Er ist am

Boden zerstört und beteuert immer wieder, absolut unschuldig zu sein."

„Er wird doch den eigenen Schützlingen keine Mittel geben, die sie langsamer laufen lassen", meinte Matthias Moosburger kopfschüttelnd.

„Nein, das tut er bestimmt nicht. Gleichzeitig aber muss er garantieren können, dass niemand den Pferden etwas ins Futter mischen kann."

Penny verstand das alles nicht. Ihr fielen die Wächter mit den dunklen Brillen ein, die vor dem Stall gestanden hatten. Sie hatte sogar gesehen, dass die Männer das Pferd bis zum Führring begleitet hatten.

„Eric van Hervig hat bereits alle seine Tiere, auch den Champion Orlando, der als Star der Eröffnungsrennen galt, abholen lassen. Ein schwerer Schlag für den Baron. Er sucht fieberhaft nach Ersatz."

„Es ist, als ob ein Fluch über der Rennbahn läge", sagte Penny mehr zu sich selbst.

Frau Farling horchte auf. „Wieso sagst du das?"

„Weil die Schwester des Barons doch gedroht hat, einen Fluch über die Rennbahn zu legen."

„Hör mit diesem Gerede auf!", verlangte Pennys Vater.

„Aber Vati, Frau von Rott hat das tatsächlich angedroht und mich gewarnt, ich solle mich von der Rennbahn fern halten, weil hier Tränen fließen würden. Noch vor dem Abend, hat sie gesagt. Und genauso ist es gekommen."

„Ich kenne Berta. Dass sie irgendetwas mit den Zwischenfällen zu tun hat, traue ich ihr wirklich nicht zu", verteidigte Sabrina Farling die alte Frau. „Dieses

Gerede mit Flüchen und dem Bösen und so, das hört man öfter von ihr. Sie hat sich in einen Wahn geflüchtet und ist sehr einsam."

Das Stalltor schabte über den Boden, als die Trainerin es aufzog. Penny und ihr Vater traten ein. Feuchte, nach Stroh, Schweiß und Pferdeäpfeln riechende Luft hüllte sie ein wie eine warme Wolke.

Aus einem Nebenraum stürzte Fritz. Er versuchte etwas hinter seinem Rücken zu verstecken.

„Im Stall wird nicht geraucht", ermahnte ihn Frau Farling streng. Verlegen grinsend holte Fritz die Zigarette hervor, warf sie zu Boden und trat sie aus. Er führte den Tierarzt zur Box von Hermes, der ihn schnaubend begrüßte.

„Hallo, Penny, geht's dir gut?" Fritz war nicht sehr groß, aber ziemlich stämmig. Ständig wischte er sich die Hände an der Arbeitshose ab und wippte mit dem Oberkörper vor und zurück. Er schien sehr unsicher und schüchtern zu sein.

„So weit alles unter Kontrolle", antwortete Penny und schenkte ihm ein kleines Lächeln, das der Stallbursche freudig erwiderte.

Hermes gab ein Geräusch von sich, das einer kleinen Explosion glich. Danach atmete er rasselnd, würgte und hustete.

„Der arme Bursche hat eine Allergie", kam Dr. Moosburgers Stimme aus der Box. „Wenn der Stallbursche ihn bitte festhalten könnte, ich geben ihm zwei Injektionen, die schnell helfen werden."

„Spritzen? Mir?" Fritz versuchte einen Witz zu machen, den aber niemand lustig fand.

„Allergisch? Worauf?“ Sabrina Farling trat näher und betrachtete besorgt die feuchten Nüstern des Hengstes.

„Pollen, Blütenstaub, was jetzt eben alles durch die Luft fliegt. Anders ausgedrückt hat er Heuschnupfen. Was ich ihm verabreiche, bringt die Schleimhäute zum Abschwellen und lässt ihn wieder ruhig atmen.“

Die Trainerin wirkte erleichtert. „Wird er am Samstag und am Sonntag laufen können?“

„Voraussichtlich schon. Ich komme am Freitag wieder und sehe ihn mir an. Bitte achten sie darauf, dass er sonst keine Medikamente bekommt. Das Mittel, das ich ihm jetzt gebe, verträgt sich mit mehreren Präparaten nicht.“

„Er bekommt sonst nichts. Höchstens Vitamine, aber die dürften kein Problem sein.“

„Nein, bestimmt nicht“, versicherte der Tierarzt.

Fritz hielt Hermes am Halfter, während Dr. Moosburger ihm die Injektionen verabreichte. Penny beobachtete ihren Vater, der sehr ruhig und sicher vorging. Das Pferd zuckte nur bei der zweiten Spritze ganz leicht.

„Ich hätte gerne, dass sie sich noch zwei andere Pferde ansehen“, bat Frau Farling Dr. Moosburger. „Sie stehen aber im nächsten Stall.“

Penny blieb zurück, als die Trainerin, Fritz und ihr Vater den Stall verließen. Hermes war ein Pferd, das ihr schon ein wenig ans Herz gewachsen war. Neugierig musterte er sie aus großen, glänzenden Augen. Immer wieder gab er ein unfeines Geräusch von sich, als müsse er durch die Nase aufziehen.

„Von Schnäuzen hältst du wohl wenig“, stellte Penny schmunzelnd fest.

Hermes hatte im ganzen Körper eine athletische Spannung. Wiehernd warf er den Kopf in die Höhe.

„Ein bisschen eingebildet bist du aber schon.“

Als würde er sich schämen, ließ Hermes den Kopf sinken.

Die Ritzen zwischen den Brettern der Wände schnitten das Licht, das von draußen hereinfiel, in dünne Strahlen. Ein paar Fliegen surrten um die Pferde. In Penny erwachte der Wunsch, auch einmal ein Galopprennen zu reiten. Sie saß fest im Sattel, hatte aber nicht die Ausbildung der Jockeys. So viel sie wusste, musste ein Jockey drei Jahre lang trainieren, bis er als Profi an Rennen teilnehmen durfte. Wichtig war nicht nur sein Talent, sondern auch sein Gewicht. Viele hungerten dafür die meiste Zeit.

Wahrscheinlich hatte Fritz ebenfalls die Jockeylaufbahn angestrebt, aus der aber nichts geworden war. So stand er jetzt im Stall und versorgte die Pferde.

Was dann geschah, würde Penny nie vergessen. Völlig unerwartet wurde sie von hinten gepackt. Sie wäre nie auf die Idee gekommen, es könnte sich außer ihr noch jemand im Stall aufhalten. Fritz war mit ihrem Vater und der Trainerin hinausgegangen, und sie hatte niemanden kommen hören.

Ihr Herz machte einen Sprung, als wollte es den Brustkorb durchstoßen. Der Angreifer hatte kräftig zugepackt und hielt Penny mit den Oberarmen wie in einem Schraubstock fest. Seine Hand fuhr durch den Halsausschnitt in ihr T-Shirt.

„Loslassen!“ Aus Pennys Hals kam nur ein heiseres Würgen. Die Starre des ersten Schrecks wich und sie versuchte sich zu wehren.

Der Angreifer gab keinen Ton von sich. Sie hörte ihn hinter sich schwer atmen und spürte etwas Raues über ihr Ohr kratzen. Penny drehte den Kopf, worauf der Unbekannte zurückzuckte. Sie wand sich wie eine Schlange, bäumte sich auf, holte aus und schaffte es, ihm die Ellbogen in den Bauch zu rammen. Der Angreifer gab ein Geräusch von sich, als würde alle Luft aus seinem Brustkorb gepresst. Etwas Hartes traf sie im Rücken und sie wurde nach vorn zu Boden geschleudert. Sie hörte flüchtende Schritte, und als sie sich umdrehte, war der Stall hinter ihr leer.

„So ein Mistkerl!“, schluchzte Penny. Durch die Tränen sah sie alles verschwommen. Wer war das gewesen? Sie taumelte auf, aber ihre Beine waren weich und sie musste sich an den hölzernen Stehern festhalten. Als sie endlich die Tür erreicht hatte, war der Unbekannte längst verschwunden.

Die Wolkendecke war an einer Stelle aufgerissen und die Sonne kam durch. Sofort wurde es merklich wärmer, trotzdem aber fror Penny. Sie fühlte sich schmutzig und bebte am ganzen Körper.

Fritz trat aus dem Stallgebäude gegenüber und kam mit großen Schritten auf sie zu. Wieder hatte er dieses seltsame Lächeln im Gesicht. War er das gewesen?

Unsicher sah der Stallbursche an seiner fleckigen Jeans und der grauen Stoffjacke hinab. Er zupfte ein paar Strohhalme ab und warf Penny einen seltsamen Blick zu.

„Ist was mit mir? Du guckst so komisch?“

Penny spürte, wie ihre Unterlippe zitterte. Sie brachte noch immer keinen Ton heraus.

Fritz bemerkte, dass etwas mit ihr nicht stimmte.

„Penny? Was hast du?“

„Hast du ... warst du gerade ... im Stall?“ Sie deutete mit dem Kopf hinter sich.

„Nein, nein. Ich war drüben. Ich habe nur gesehen, dass ...“ Fritz brach ab und sein ohnehin schon rotes Gesicht bekam noch dunklere Flecken.

„Was hast du? Was ist?“

„Nichts.“

„Du lügst!“, schrie ihn Penny an.

Von dem Schrei aufgeschreckt traten Frau Farling und Dr. Moosburger ins Freie.

„Was hast du, Penny?“, rief ihr Vater über den Hof. Er kam näher und sie lief auf ihn zu. Wieder rannen ihr die Tränen über das Gesicht. „Jemand hat mich ... von hinten ... überfallen und ...“ Sie deutete an, wie sie gepackt wurde und was die Hand des Mannes getan hatte.

Sabrina Farling war bestürzt.

„Das ... das tut mir schrecklich Leid. Ich habe keine Ahnung, wer das gewesen sein kann. Doch keiner von unseren Leuten?“

Leise hatte sich Fritz davongestohlen.

„Er weiß etwas, aber er sagt es nicht!“, rief Penny und zeigte auf den Stallburschen.

„Fritz?“ Die Trainerin bedeutete ihm, zurückzukommen.

„Nichts. Nein!“ Er hob die Hände, als wollte er sich ergeben.

„Was läuft hier?“ Sabrina klang wie eine Fernsehkommissarin.

„Bitte, ich habe keine Ahnung.“ Schweißperlen standen auf Fritz’ Stirn und über der Lippe. Sein Gesicht war verschlossen. Es war aussichtslos zu versuchen, etwas aus ihm herauszubekommen.

„Wir sprechen uns später.“ Die Trainerin entließ ihn und Fritz suchte eilig das Weite. „Es tut mir wirklich Leid“, wandte sie sich an Penny.

„Sie können nichts dafür.“ Penny atmete tief durch und schluckte den Kloß weg, der sich in ihrem Hals gebildet hatte.

„Kann ich was für dich tun? Etwas Gutes?“, fragte Sabrina mitleidig.

Ohne darüber nachgedacht zu haben, hörte Penny sich sagen: „Ich würde gerne einmal auf einem der Pferde reiten. Auf der Rennbahn.“

Die Trainerin war über den Wunsch nicht sehr erstaunt.

„Ein Pferd von Hermes’ Klasse kann ich dir nicht geben, aber DimSum kannst du gerne reiten. Er ist nicht der Beste, den wir haben, aber er ist ein feines Tier. Willst du?“

Penny warf ihrem Vater einen fragenden Blick zu, und dieser nickte zustimmend.

„Ja“, sagte sie laut.

Frau Farling selbst sattelte DimSum und borgte ihr Reithosen und Stiefel. Penny durfte sich in dem Raum umziehen, der sonst den Jockeys vorbehalten war. An Haken hingen Reitkleidung, Sattel und Helm in den verschiedenen Farben der Pferdebesitzer. Vorbei ging es an der großen Waage, auf der die Jockeys nach den Rennen zurückgewogen wurden, als Kontrolle, ob das Pferd auch wirklich das vorgeschriebene Gewicht getragen hatte.

DimSum tänzelte nervös, als Penny zu ihm trat. Er war grobknochiger als Hermes, schien aber ähnlich viel Ehrgeiz zu besitzen. Penny ließ ihn zuerst im Schritt auf dem Aufgalopp vor den Tribünen gehen, bevor sie den Trab mit ihm wagte.

Die Trainerin und ihr Vater lehnten an der Umzäunung und verfolgten aufmerksam jeden Schritt.

Nachdem die ersten Versuche problemlos verlaufen waren, wagte Penny den Galopp. Sie stand in den Steigbügeln, wie sie es sich bei den Jockeys abgeguckt hatte, hielt die Zügel straff in der Hand und hatte das Gefühl zu fliegen. DimSum jagte voran, den Kopf siegeswillig vorgestreckt. Am Ende der Aufgaloppstrecke zügelte Penny das Pferd wieder und ließ es im Schritt zu der Stelle gehen, an der ihr Vater und Frau Farling warteten.

„Du reitest ausgezeichnet“, lobte die Trainerin und es klang ehrlich und nicht nur tröstend nach dem erlittenen Schreck. „Willst du die Startbox auch einmal ausprobieren?“

Penny war sofort einverstanden.

In einem großen Bogen ritt sie auf die Box zu und dirigierte DimSum in eine Koje in der Mitte. Der Hengst schnaubte unruhig. Ganz geheuer war Penny die enge Abgrenzung nicht. Die Seitenwände machten den Eindruck, als würden sie langsam näher wandern. Das Starttor befand sich in Brusthöhe des Pferdes und war unten offen. Es saß so tief, dass Pferd und Reiter oben drüber sehen konnten.

Obwohl es kein echtes Rennen war und die anderen Boxen leer blieben, konnte Penny die Anspannung vor dem Start nachempfinden. Unter sich spürte sie DimSum, der geradezu begierig darauf zu sein schien, loszurennen und sich einen Platz an der Spitze zu erkämpfen. Sie tätschelte ihm den Hals und dachte bedauernd: Armer Junge, du willst so gern, hast aber nicht das Zeug dazu.

Sabrina Farling gab Penny eine kurze Vorwarnung und betätigte dann den Auslöser für die Starttüren. Alle flogen wie bei einem richtigen Rennen gleichzeitig auf und die Rennstrecke lag frei vor Penny. Ein leichter Schenkeldruck genügte und DimSum jagte los. Penny hatte Mühe, sich oben zu halten. Beim Aufgalopp hatte der Hengst noch gar nicht gezeigt, was in ihm steckte. Die Hufe dröhnten über den harten Boden, sein Körper war ein perfektes Zusammenspiel der Muskeln, siegeswillig streckte DimSum den Kopf nach vorn. Der Ritt kostete Penny viel mehr Kraft, als sie vermutet hatte. Sie begann zu schwitzen und heftig zu atmen. Nach der Kurve, in der ein Stück der Rennstrecke hinter dichten Hecken versteckt lag, gab Penny dem Pferd das Zeichen, auszulaufen. Erschöpft ließ sie sich nach hinten in den Sattel sinken. Nie hätte sie gedacht, dass ein Galopprennen so anstrengend war. Gute Jockeys mussten sehr fit sein.

Glücklich und um eine aufregende Erfahrung reicher, kehrten Penny und DimSum zum vorderen Teil der Rennbahn zurück. Als Penny sich aus dem Sattel schwang, warf DimSum den Kopf, als wollte er sagen: Na, was hältst du von mir?

„Ich kann nicht verstehen, warum Golli ihn ‚lahme Ente' nennt", sagte Penny zu Sabrina.

Die Trainerin nahm ihr die Zügel ab. „Na ja, DimSum hat im letzten Jahr keine großartigen Leistungen erbracht. Ich habe ihn erst vor kurzem übernommen."

„Wem gehört er?"

Sabrina Farling zuckte die Achseln. „Einer gewissen Cornelia Maiwald. Ich kenne sie aber nicht persönlich. Sie zahlt pünktlich und setzt sich mit mir immer nur per E-Mail in Verbindung. Mir ist das manchmal gar nicht so unangenehm, da ich ihr, seit ich DimSum trainiere, keine wirklich guten Nachrichten geben konnte." Mit der freien Hand strich Sabrina dem Pferd über den schweißnassen Körper. „Ehrlich gesagt verstehe ich es auch nicht. Für mich steckt mehr in ihm, als er bei den Rennen zeigt. Aber solche Pferde gibt es. Gut im Training, aber leider nicht, wenn es darauf ankommt."

„Alles Gute dann für Sonntag!", wünschte Penny dem Hengst.

„Er läuft auch schon am Freitag", warf Sabrina ein. „Es gibt jetzt insgesamt drei Renntage, von denen der Sonntag der Haupttag ist. Da soll die Rennbahn auch feierlich eröffnet werden." Ihr kam eine Idee. „Willst du nicht kommen? Mit deinem Vater und wen auch immer du sonst mitnehmen möchtest?"

Diese Einladung nahm Penny gerne an.

Enttäuschung

Am Abend brütete Penny über ihrem Mathematikheft. Die Zahlen und Formeln wollten nicht in ihren Kopf. Der Schreck des Überfalls steckte ihr in den Knochen. Außerdem wanderten ihre Gedanken immer wieder zu Elvis. Er war noch nicht zurückgekommen. Sein Handy war ausgeschaltet. Ivan war, als sie von der Rennbahn zurückgekommen waren, auch nicht mehr im Haus gewesen. Normalerweise ging er nie so früh und Penny beschlich das Gefühl, er wollte ihr aus dem Weg gehen und weitere Fragen vermeiden.

Unten im Haus klingelte das Telefon. Da alle Moosburgers daheim waren, würde schon jemand abnehmen. Penny musste kurz schmunzeln, als ihr Kolumbus einfiel. Seine Alina hatte ihn fest im Griff. Er war sehr überrascht gewesen, als sie in der Küche auf ihn gewartet hatte. Mit Frau Moosburger hatte sie ein fröhliches Gespräch über „Männer“ geführt.

„Hier findest du uns also, an dem Ort, an dem du uns am liebsten haben möchtest: In der Küche!“, hatte sie ihm entgegengerufen, als er in der Tür stehen blieb und sie verwundert anstarrte.

Margit Moosburger hatte die zwei allein gelassen und im Weggehen nur unzusammenhängendes Entschuldigungsgestammel von ihrem Sohn gehört, das abrupt abbrach. Alina schien ihn mit einem langen Kuss aus seiner Verlegenheit erlöst zu haben.

Schritte kamen die Holztreppe hoch und Pennys Tür

wurde aufgestoßen. Romeo stürmte herein und streckte ihr das Funktelefon entgegen.

„Wer ist es?“, zischte ihm Penny zu.

„Julia“, flüsterte Romeo verschwörerisch zurück.

„Hallo!“, sagte Penny überrascht, ein klein wenig froh, gleichzeitig aber auch beunruhigt. Es lag etwas zwischen ihnen, das fühlte sie genau.

„Abend“, kam es knapp von Julia. Sie atmete schwer.

„Fehlt dir etwas?“, erkundigte sich Penny besorgt.

„Ich muss es dir sagen. Es hat keinen Sinn. Du wirst sehr sauer sein.“

Penny hielt die Luft an.

„Was gibt’s?“

„Es ist Elvis!“

Jetzt begann Pennys Herz zu rasen. Nervös drehte sie einen Bleistift zwischen den Fingern. Eilig scheuchte sie Romeo aus dem Zimmer und schloss hinter ihm ab. Sie konnte Julia atmen hören, doch die Freundin redete nicht weiter.

„Was ist mit Elvis?“

„Wir haben uns getroffen.“

„Was?“ Damit hatte Penny nicht gerechnet. „Wie meinst du das, getroffen?“

„Ich mag ihn schon lange. Ich hab dich immer um ihn beneidet.“

„Und?“

„Wir waren miteinander aus. Am Sonntag. Und am Montag haben wir uns wiedergesehen. Und gestern auch. Und heute war er auch hier.“

Penny rang nach Luft. Um ein Haar wäre ihr der Hörer aus der Hand gefallen.

„Das ist nicht wahr“, brachte sie heraus. Es war der dümmste Satz, den sie sagen konnte, denn natürlich war es wahr. Julia hatte keinen Grund sie anzulügen.

„Bei uns hat’s gefunkt.“

„Nein.“ Penny wollte das nicht glauben. Das konnte einfach nicht stimmen.

„Doch. Du musst ihn freigeben.“

Solche Sätze hatte Penny bisher nur im Fernsehen gehört, in schmalzigen Liebesfilmen.

„Nein“, wiederholte sie. In ihr tobten Wut, Hilflosigkeit und Traurigkeit. War es ihre Schuld? Hatte sie Elvis vielleicht wirklich Grund zur Eifersucht gegeben? Ihr fiel sein verletzter Blick wieder ein, als Golli ihr die Hand auf die Schulter legte. Das war erst am Samstag gewesen, aber Penny erschien es wie eine Ewigkeit. War das der Auslöser gewesen? Auf einmal hatte sie das Gefühl, nicht weitersprechen zu können. Sie legte einfach auf. Kurz dachte sie, Julia würde gleich noch einmal anrufen, aber das Telefon blieb still.

Das also war es, was Ivan ihr verschwiegen hatte. Mit ihm hatte Elvis schon darüber gesprochen, war aber zu feige gewesen, es ihr selbst zu sagen. Doppelt schlimm war für Penny die Tatsache, dass es ausgerechnet ihre beste Freundin war, in die er sich verliebt hatte. Sie verlor nicht nur ihn, sondern auch Julia. Aufschluchzend warf sie sich auf ihr Bett und heulte in das Kissen. Was für ein schrecklicher Tag. Wie sollte das alles weitergehen? Sie konnte doch nicht so tun, als sei ihr das alles recht oder gleichgültig? Sollte sie Elvis alles Gute wünschen und mit einem freundlichen Lächeln das Telefon weiterreichen, wenn Julia anrief?

Für einen Moment spielte sie mit dem Gedanken, ihren Vater zu überreden, Elvis zu feuern. Sollte er doch sehen, wo er blieb. Gleich darauf kam es ihr aber kleinlich und dumm vor. Außerdem brauchte ihr Vater den Tierpfleger, von dem er schon öfter gesagt hatte, er sei der beste, den er jemals gehabt habe.

In Pennys Brust machte sich eine Traurigkeit breit, die wehtat.

Unruhig wälzte sich Penny von einer Seite auf die andere. Milli, die wie gewohnt am Fußende lag, hob vorwurfsvoll den Kopf. Die Tempelhündin war der Meinung, das Bett gehöre ausschließlich ihr. Penny war nur ein geduldeter Gast. Störungen durch ständiges Herumwerfen konnte Milli nicht ausstehen.

Es war kurz vor Mitternacht, als Penny Elvis' Moped kommen hörte. Es war eine kühle Nacht, trotzdem aber hatte sie das Fenster weit offen gelassen. Zugegeben hätte sie es nie, aber sie wollte wissen, wann Elvis heimkehrte. Von draußen drangen nur die vereinzelten Rufe der Nachtvögel zu ihr. Umso deutlicher hörte sie, dass Elvis den Mopedständer ausklappte und über den Vorplatz zum Haus ging.

Sofort war Penny aus dem Bett, schlich zur Zimmertür, öffnete sie und lauschte in die Stille des nächtlichen Hauses. Die Stufen der Treppe knarrten und knackten, als Elvis langsam zum ersten Stock hochstieg. Am liebsten wäre Penny hinuntergerannt und hätte ihn zur Rede gestellt. Was bildete er sich ein? Was hatte er sich dabei gedacht, sie so zu hintergehen? Penny fühlte sich gedemütigt und sehr verletzt.

Im Stockwerk unter ihr wurde eine Zimmertür behutsam geschlossen.

„Mistkerl!“, fluchte sie leise und kehrte in ihr Bett zurück. Die Arme hinter dem Kopf verschränkt lag sie da und starrte zur Decke. Die Lampen, die den Vorplatz des Moosburgerhauses erhellten, warfen lange Schatten in Pennys Zimmer. Erhob sich ein leichter Windhauch, schwankten sie und ließen die Schatten tanzen.

Penny konnte am Donnerstag auf keinen Fall zur Schule gehen. Nie wieder wollte sie neben Julia sitzen. Der Gedanke, vielleicht auch in Zukunft Elvis am Mittagstisch zu haben, war ihr unerträglich.

Irgendwann musste sie dann doch eingenickt sein. Als sich ihr Radiowecker in Betrieb setzte und ein überdrehter Moderator künstlich gute Laune versprühte, hatte Penny das Gefühl, höchstens fünf Minuten geschlafen zu haben. Müde schleppte sie sich ins Bad, wo ihr ein verquollenes Gesicht mit roten Augen aus dem Spiegel entgegenblickte.

Mutlos ließ sie die Schultern sinken. Wie ein Schlag hatte sie die Erinnerung an das Telefonat mit Julia getroffen. Wie sollte es weitergehen? Missmutig zeigte sie sich selbst die Zunge.

Nein, so konnte sie sich nicht gehen lassen. Wenn Elvis sich für Julia entschieden hatte, dann sollte er ab sofort jeden Tag sehen, was er verloren hatte. Sie drehte das kalte Wasser auf, beugte sich über das Waschbecken und streckte das Gesicht unter den Wasserstrahl. Sie brauchte länger als sonst im Bad, weil sie sich auch noch die Haare wusch und leichtes Make-up auflegte.

Bekleidet mit einer wehenden Leinenhose und einem gestreiften Top mit schrägem Ausschnitt schwebte sie die Treppe hinunter.

Matthias Moosburger, der gerade aus der Küche trat, stieß einen Pfiff aus.

„Tochter, Tochter! Habe ich etwas vergessen? Gibt es heute etwas Wichtiges? Ein spezielles Datum?"

„Jeder Tag ist wichtig", erwiderte Penny und hauchte ihm ein Küsschen auf die Wange.

„Elvis kann sich freuen", lachte ihr Vater. Gequält verzog Penny das Gesicht. Zum Glück bemerkte ihr Vater es nicht.

Sie hatte nicht viel Zeit zum Frühstücken und löffelte daher nur einen Jogurt im Stehen. Ihre Mutter bot an, sie im Auto mitzunehmen, da sie Romeo ohnehin fahren musste. Penny nahm gerne an. Sie war schon an der Haustür, als Elvis die Treppe herunterkam. Er sah sehr blass und müde aus. Pennys Erscheinung ließ seine Augen groß werden.

Es bereitete Penny nur ein kleines bisschen Genugtuung. Mit einem Ruck drehte sie sich weg und drängte nach draußen.

„He, warte, Penny!" Elvis lief ihr nach. Die ganze Zeit hatte sich Penny im Bad ausgemalt, wie sie ihn abblitzen lassen würde.

„Wir müssen los", sagte sie kühl.

„Kann ich … ich muss … hör zu … bitte!" Er bettelte, genau wie Penny es sich gewünscht hatte. Trotzdem ließ es sie kalt.

„Ich komme zu spät!", schrie Romeo aus dem Auto. „Knutscht am Abend."

„Wir knutschen gar nicht“, erklärte Penny und die Bitterkeit in ihrer Stimme war nicht zu überhören. Sie schob sich auf den Beifahrersitz und schlug Elvis vor der Nase die Wagentür zu.

Elvis sah aus wie Robin, wenn er triefend nass aus dem Wasser kam. Frau Moosburger, der die kleine Auseinandersetzung nicht entgangen war, startete den Wagen und blickte zwischen ihrer Tochter und Elvis hin und her. Elvis machte immer wieder einen Schritt näher und hätte Penny am liebsten aus dem Wagen gezogen. Penny aber starrte stur geradeaus.

„Kann ich fahren?“, fragte Frau Moosburger vorsichtshalber.

„Ja, klar“, antwortete Penny mit vorgetäuschter Lockerheit.

Nein, sie wollte es nicht wahrhaben. Sie wollte den Stich nicht zur Kenntnis nehmen, den ihr Elvis' verzweifeltes Gesicht gegeben hatte. Jetzt bloß nicht weich werden!

In der Schule hatte sich Julia zu Pennys großer Erleichterung bereits versetzt. Es war nur ein Platz in der letzten Reihe an der Wand übrig und den hatte sie genommen. Im Augenblick hatte Penny damit eine Bank für sich allein, aber bestimmt würde sich bald jemand zu ihr gesellen. Die Mädchen machten einen großen Bogen umeinander, wenn sie einander auf dem Gang begegneten. Penny vermied es, Julia auch nur einen einzigen Blick zu schenken. Sie tat, als sei sie Luft, und strafte sie mit Verachtung.

Zu Mittag wusste sie, wie anstrengend das war.

Verzeih mir!

Der Rest des Donnerstags und der Beginn des Freitags verliefen für Penny wie in einem grauen Nebel. In der Schule konnte sie sich nicht konzentrieren, weil sie ständig an Elvis und Julia denken musste. Die Vorstellung, dass er mit ihrer ehemals besten Freundin unterwegs war, verursachte Penny einen schmerzhaften Knoten im Bauch. Mittlerweile war sie von ihrer eigenen Unschuld fest überzeugt und beschimpfte Julia und Elvis im Stillen als widerliche, gemeine, hinterhältige Betrüger.

Ein Gedanke tauchte bei solchen Schimpforgien aber schon auf: Wieso hatte sie während der ganzen Zeit, die sie jetzt schon mit Elvis mehr als befreundet war, nicht bemerkt, wie er wirklich war? Und wieso war Julia zu ihrer besten Freundin geworden, wenn sie doch gemein und hinterhältig war? Hatte das mit ihr, mit Penny zu tun? War sie wirklich so blind?

Elvis nahm einen weiteren Anlauf, um mit Penny zu reden, aber sie ließ ihn abblitzen. Eine gefaltete Botschaft, die er unter ihrer Tür durchschob, zerriss sie und streute die Schnipsel vor seinem Zimmer aus.

Ihre Eltern stellten keine Fragen und dafür war Penny sehr dankbar. Sie musste das, was vorgefallen war, allein mit sich ausmachen. Frau Moosburger versuchte, ihre Tochter ein wenig aufzuheitern. Als Penny am Freitag in der Küche saß und lustlos in der Gemüselasagne herumstocherte, die Ivan extra für sie zubereitet hatte, brachte Margit Moosburger das Funktelefon und streckte es Penny hin.

„Für dich!“, sagte sie mit geheimnisvollem Lächeln.

Pennys Befürchtung war sofort, es könnte Julia sein, daher machte sie eine abwehrende Handbewegung.

„Es ist Moses!“, beruhigte ihre Mutter sie.

„Moses?“ Penny schluckte und nahm den Hörer entgegen. Wie konnte ein Papagei bei ihnen anrufen?

„Hallo? Hallo?“, tönte es Penny entgegen. Unverkennbar die schnarrende Stimme eines Papageis.

„Hallo, Moses, hier spricht Penny!“, sagte sie belustigt.

„Hallo!“, wiederholte Moses. Danach trat eine längere Pause ein. Penny runzelte die Stirn und wusste nicht, ob sie weiter warten sollte. Etwas zögerlich, als müsse er die Wirkung der Worte erproben, kam dann: „Hallo – Penny!“

Obwohl ihr nicht danach war, lächelte sie jetzt gerührt. Sie hörte, dass der Hörer am anderen Ende der Leitung bewegt wurde, und Klaus meldete sich.

„Er hat sich deinen Namen sofort gemerkt. Er ist dir dankbar, dass du ihm Christina zurückgegeben hast.“

„Na ja, zumindest ihre Stimme.“

„Das reicht für ihn. Er frisst wieder und beginnt zu sprechen und zu kommunizieren wie früher.“ Klaus holte tief Luft und redete aufgeregt weiter. „Heute Morgen habe ich eine Erdnuss unter einen umgedrehten Becher gelegt. Stell dir vor: Moses wollte sie unbedingt haben, ist dreimal um den Becher spaziert und hat dann von sich gegeben: ‚Becher heben!‘ Er hat das richtig kombiniert und ausgesprochen. Er plappert nicht nur nach, er kann wirklich sprechen. Ich werde das Training mit ihm fortsetzen.“

Penny stellte noch ein paar Fragen, die Klaus alle mit großer Freude beantwortete. Er war unendlich erleichtert, weil Moses außer Gefahr war, und lud Penny ein, bald wieder vorbeizukommen. Sie versprach es und verabschiedete sich dann.

Margit Moosburger hatte sich auf den Stuhl gegenüber gesetzt und streichelte Penny die Hand.

„Deine Idee war wirklich Gold wert. Du hast ein Feingefühl, um das ich dich beneide.“

Traurig stocherte Penny auf ihrem Teller herum. Was gute Freunde betraf, verließ sie das Feingefühl!

„Es gibt übrigens eine Nachricht aus Afrika, über die ich mich noch nicht zu freuen wage“, fuhr Frau Moosburger fort. Penny hob fragend den Kopf. „Christina könnte den Absturz überlebt haben. Es wurde ein Funksignal empfangen, das von ihr kommen könnte. Ein Suchtrupp ist unterwegs.“

„Hoffen wir das Beste“, sagte Penny schwach.

Matthias Moosburger trat in die Küche und schwenkte seine Bereitschaftstasche.

„Schon wieder ein Notfall auf der Rennbahn. Ein warmer Fuß.“

Damit war eine Entzündung am Pferdefuß gemeint, die einen Start beim Rennen unmöglich machte.

„Kommst du mit?“, fragte Herr Moosburger seine Tochter.

Eigentlich hätte Penny lernen und ihre Hausaufgaben machen sollen. Bestimmt aber hätte sie ohnedies nur wieder zum Fenster hinausgestarrt. Also konnte sie ebenso gut mit zur Rennbahn fahren. Sie nickte, schaufelte die Lasagnereste in sich hinein und sprang auf.

In der Diele stieß sie mit Ivan zusammen, der schwer bepackt durch die Haustür kam. Er hatte den Wocheneinkauf erledigt und schleppte jetzt wie ein Hamster die Vorräte in die Höhle, sprich die Speisekammer.

„He, Penny, warte mal. Ich habe da was mit dir zu besprechen."

„Später. Ich fahre mit Vati zur Rennbahn", vertröstete ihn Penny und verließ das Haus.

Ivan, der in jedem Arm eine voll gefüllte Tüte schleppte, sagte noch leise: „Es hat mit Elvis zu tun", aber das hörte sie nicht mehr.

Der erste Renntag war angebrochen und auf dem Parkplatz standen vereinzelt Autos. Die Rennen schienen nicht sehr gut besucht zu sein. Sabrina Farling tauchte bei den Stallungen auf und winkte mit beiden Armen. Sie bedeutete Dr. Moosburger, einen anderen Zufahrtsweg zu nehmen, der ihn direkt in den Stallbereich führte.

Als der Tierarzt den Motor abstellte, traten die Trainerin und der Baron auf seinen Wagen zu.

„Brauchen Sie immer so lange, bis Sie kommen?", bellte ihm der Baron entgegen. Matthias Moosburger kannte ihn mittlerweile und überging die Bemerkung einfach.

„Ein warmer Fuß?", wandte er sich an Sabrina.

„Es ist Zeus, ein Pferd des Barons, das am Sonntag beim großen Preis antreten soll. Der Stallbursche hat die Schwellung heute Morgen bemerkt."

„Darf ich zu Hermes?“, fragte Penny. „Und natürlich zu DimSum?“

Die Trainerin nickte lächelnd. „DimSum wird am Sonntag übrigens auch für den großen Preis antreten.“

„Geldverschwendung“, bemerkte der Baron verächtlich. „Füllt höchstens das Starterfeld.“

„Die Besitzerin hat darauf bestanden“, erklärte Sabrina Farling.

„Pah!“, machte der Baron verächtlich und es klang, als würde er ausspucken. „Wird bestimmt Letzter, so wie heute.“

„Wenig Besucher“, sagte Penny nebenbei.

„Egal!“ Der Baron zog den Rest einer dicken Zigarre aus der Manteltasche und steckte ihn in den Mundwinkel. „Hauptsache, das Wettgeschäft läuft. Du kannst auf der halben Welt in Wettbüros auf die Pferde hier setzen. Das bringt uns auch Geld.“

„Ist Hermes heute schon gelaufen?“

Während der Baron vergeblich versuchte, den Zigarrenstummel wieder anzuzünden, antwortete er mit geschlossenen Lippen: „Nein, wird für Sonntag geschont. Zwei Rennen. Eines davon der große Preis. Der Tierarzt soll nach ihm sehen. Das Geniese war widerlich.“ Er ließ Penny einfach stehen und stapfte in die Richtung, in die Herr Moosburger und Frau Farling gegangen waren.

Im Stall traf Penny auf Fritz und Golli. Der Jockey trug noch seine Rennkleidung und war mit Fritz in ein lebhaftes Gespräch vertieft, das sie allerdings nur flüsternd führten.

„Tag!“, grüßte Penny laut.

Die Burschen schraken auf und drehten sich zu ihr. Beide grinsten ertappt.

„Was ist das denn hier? Eine Verschwörung?" Penny wollte einen Witz machen, aber Golli schien ihn nicht lustig zu finden. Er sah sich suchend um, hob dann seine kurze Reitgerte und machte einen Schritt auf Penny zu, als wollte er sie schlagen. Zuerst erschrak sie, dann aber blieb sie trotzig stehen.

„Hast du sie nicht alle?"

Fritz kam von hinten und zog Gollis Arm energisch herunter.

„Hör sofort auf! Du spinnst ja!"

„He, he", lachte Golli meckernd, „habe ich dich erschreckt? Bin ein guter Schauspieler, was?" Er deutete auf Fritz und sich. „Klar ist das hier eine Verschwörung. Wir sprengen morgen die Rennbahn und beratschlagen gerade, wo wir den Sprengstoff verstecken sollen."

War das wirklich als Scherz gemeint? Zum ersten Mal kam Golli Penny unheimlich vor. Misstrauisch musterte sie ihn und aus einem Reflex heraus fragte sie ihn scharf: „Hast du mich vor zwei Tagen im Stall überfallen? Warst du das?"

Er zögerte einen Moment zu lange mit der Antwort. Golli machte ein betroffenes Gesicht und sah auf seine Hand, mit der er Penny durch den Halsausschnitt gegriffen hatte, als könnten sich noch Beweisspuren darauf befinden.

„War nur Spaß", sagte er lahm.

Fritz stellte sich zwischen die beiden und blickte hin und her.

„Hör zu, Penny, bitte, mach keinen Ärger! Golli ist so schon ein armer Hund. Immer diese nörgelnde Sabrina und dazu der Baron, der mit nichts zufrieden ist. Jedes Rennen, das er reiten darf, ist eine Gnade. Den Starjockeys aber lecken sie die Stiefel. Weißt du, was das für ein Gefühl ist?"

Sehr langsam wich Penny zurück.

„Ich weiß, was es für ein Gefühl ist, von hinten gepackt und belästigt zu werden."

Golli war sehr betreten.

„Penny ... es tut mir Leid. War total blöd. Ich weiß auch nicht, was da in mich gefahren ist. Vielleicht ist es, weil du so verdammt lecker aussiehst."

„Ich bin keine Torte!", giftete Penny ihn an. Was bildete sich dieser Bursche ein? Sie verabscheute es, wenn jemand über Mädchen redete, als wären sie eine Sache.

„Mach keinen Stunk, bitte!" Fritz sah sie flehend an.

„Ich werde es mir überlegen." Penny verließ den Stall, in dem ihr die Luft auf einmal schwül und stickig vorkam. Im Freien atmete sie ein paarmal tief durch und machte noch einige Schritte von der Stalltür weg, als könnte Golli jederzeit wieder mit der Reitgerte auftauchen.

Es reichte jetzt. Sie musste mit Sabrina darüber reden. Das konnte doch nicht einfach so hingenommen werden.

Dr. Moosburger eilte mit großen Schritten vorüber und bedeutete Penny, dass es nicht mehr lange dauern würde.

„Ich sehe nur schnell nach Hermes und seiner Allergie."

„Vati …“

Er hörte sie nicht mehr, weil er bereits im Stall war. Suchend ging Penny von Stall zu Stall, ohne Sabrina zu finden. Auch der Baron schien verschwunden. Sie fragte einen anderen Stallburschen, der gerade ein Pferd Richtung Rennbahn führte, nach den beiden.

„Mussten hinüber. Ärger mit einem Jockey beim Rückwiegen“, brummte dieser.

„Wir können fahren!“, rief Matthias Moosburger über den Hof und ging auf sein Auto zu. Penny beschloss, mit ihm über die ganze Sache zu sprechen, und beschleunigte ihren Schritt. Als sie auf der Höhe des Stalles war, in dem Hermes stand, trat Golli heraus und verstellte ihr den Weg.

„Mach mir nicht alles kaputt! Ich …“, Golli faltete bittend die Hände und warf sich vor Penny auf die Knie, „… ich geb's ja zu. War voll daneben, was ich getan habe. Wenn du mich jetzt verpfeifst, ist für mich alles gelaufen. Dann darf ich nicht einmal mehr als Stalljockey reiten. Dann hast du mein Leben ruiniert.“

In Penny kämpften zwei Stimmen. Die eine glaubte ihm nicht, die andere hatte Mitleid. Ratlos starrte sie den kleinen Burschen an, der vor ihr auf dem feuchten Boden kniete.

„Lass den Quatsch!“, brummte sie und blickte zur Seite. Golli sprang auf und kam näher.

„Ich flehe dich an. Bitte, Penny. Jeder macht mal einen Fehler.“

Jeder macht mal einen Fehler. Es fragte sich nur, wie schwer der Fehler war und wie sehr andere Menschen darunter litten. Elvis hatte zweifellos – davon war

Penny fest überzeugt – einen Fehler begangen. Er würde ihn lange bereuen. Sehr lange. Ein wenig Schadenfreude machte sich in ihr breit.

„Können wir alles vergessen?“

Leider war das nicht Elvis’ Stimme, sondern Gollis.

„Von mir aus.“ Penny vermied es, ihn anzusehen. Sie hörte ein erleichtertes Aufatmen.

„Danke. Du weißt nicht, was das für mich bedeutet. Du bist ein Prachtmädchen.“

„Spar dir diese Machosprüche.“ Mit hoch erhobenem Kopf schritt sie zum Wagen ihres Vaters. Hinter ihr zog Golli seine große verspiegelte Sonnenbrille heraus und schob sie sich ins Gesicht. Seine Kiefermuskeln zuckten zufrieden. Die Sache war vom Tisch. Er war stolz auf seinen Charme. Bei Frauen hatte er einfach immer Glück. Alles andere würde sich schon bald zeigen.

Treffen im „Durchgeknallt“

Matthias Moosburger rief kurz in der Praxis an und erkundigte sich nach Notfällen. Es war ein ruhiger Freitagnachmittag und seine Helferin hatte keine Aufträge für ihn.

„Ich brauche etwas zu trinken“, stellte der Tierarzt fest.

Die Wolken hatten sich verzogen und die Sonne schien warm von einem blassblauen Himmel.

„Weißt du was, wir kehren in diesem Gasthaus in St. Leonhard ein. Danach gehe wir noch auf einen Sprung zu Herrn Ulrich und sehen uns den Gänsegeier an.“ Da sich der Falkner nicht gemeldet hatte, ging Pennys Vater davon aus, dass es dem Gänsegeier besser ging. Oder wollte Herr Ulrich sich nur das Arzthonorar sparen?

Es war Nachmittag und im Garten des Gasthauses ULRICHSHOF saßen nur wenige Gäste bei Kaffee und Kuchen. Matthias Moosburger suchte einen Tisch neben dem rauen Stamm einer alten, hohen Kastanie aus. Die letzten Blütenkerzen verloren die Blütenblätter, die wie Schneeflocken den Boden bedeckten. Eine energische Kellnerin trat zu ihnen und nahm die Bestellung auf. Penny entschied sich für Cola und Apfelstrudel, ihr Vater für Kaffee. Während sie warteten, schaukelte Penny auf dem Stuhl und blickte zu der ausladenden Baumkrone hinauf, deren Blätter in frischem Grün glänzten.

„Ich würde gerne mit dir reden, Penny“, begann Herr Moosburger zögernd. Überrascht kippte Penny mit dem Klappstuhl nach vorn.

„Was Schlimmes?“, fragte sie besorgt.

„Nein, nein“, beruhigte ihr Vater sie schnell. „Und wenn ich ehrlich bin, weiß ich auch gar nicht, wie ich es sagen soll. Für solche Aufträge bin ich nämlich nicht geeignet. Aber es tut mir einfach zu weh, meine Tochter so leiden zu sehen und gleichzeitig meinen Tierpfleger in den Ohren liegen zu haben, der nicht mehr ein noch aus weiß.“

„Ach, Elvis hat dich beauftragt!“ Penny verschränkte abweisend die Arme vor der Brust. „Vati, war ein sehr lieber Versuch von dir. Aber bitte, lass es! Die Sache ist für mich erledigt.“

„Dein Bruder Kolumbus nennt dich immer ‚Dickkopf‘ und er hat Recht!“

Gleichgültig zuckte Penny mit den Schultern.

„Ich mache es kurz: Elvis ist verzweifelt, weil er ungewollt in eine sehr …“, Dr. Moosburger suchte nach dem richtigen Wort, „… sehr schwierige Situation geraten ist. Soviel ich weiß, geht es da um deine beste Freundin und ihn. Er beteuert mir gegenüber ständig, es sei nicht so, wie du denkst. Penny, er sagt das jedes Mal, wenn ein Patient den Untersuchungsraum verlässt und wir eine halbe Minute Pause bis zum nächsten haben. Es muss ihm wirklich wichtig sein.“

Es fiel Penny sehr schwer, weiter hart zu bleiben. Sie ließ die Arme sinken und legte die Hände auf den Tisch.

„Was soll ich machen?“

„Zuhören. Hör ihm zu!“

So schnell wollte Penny aber nicht nachgeben.

„Mal sehen", sagte sie ausweichend.

Aus der Tür, die in den Gastgarten führte, trat die Kellnerin mit einem großen Tablett. Sie balancierte es nur auf einer Hand in Schulterhöhe und kam schnell auf den Tisch zu, an dem Penny mit ihrem Vater saß.

Über ihnen ertönte in diesem Augenblick ein krächzender Schrei. Die Kellnerin murmelte ohne aufzublicken ein „Nicht schon wieder" und schwang schnell das Tablett vor die Brust. Wie ein Stein fiel etwas Braunschwarzes von oben durch das Blätterwerk und plumpste neben ihr auf den Boden.

„Du verflixtes Mistvieh!", schimpfte die Kellnerin nach unten, wo Emil, der Gänsegeier, hockte und sein Gefieder aufschüttelte. „Lass ja unsere Gäste in Frieden! Dein Gebettel geht schon allen auf die Nerven!"

Beleidigt stolzierte der Geier davon und linste auf die Tische. Fasziniert beobachteten ihn Penny und ihr Vater. Die Kellnerin schleppte das runde Tablett an ihren Tisch und knallte Cola und Kaffee vor die Gäste.

„Der Vogel wird mir eines Tages noch einen Herzinfarkt verschaffen", jammerte sie, die Hand an die Brust gepresst. „Beim ersten Mal, als er gekommen ist, hat er mich so erschreckt, dass mir ein Tablett mit neun Schnitzeln aus der Hand gefallen ist. Alle auf dem Boden. Alle unbrauchbar."

Voll Anteilnahme hörten die Moosburgers zu.

„Der Geier macht das seither mindestens zweimal pro Woche. Immer versucht er mich zu erschrecken. Er hofft sichtlich auf neue Schnitzel. Beim ersten Mal hat er alle aufgefressen."

„Alle?“, wiederholte Dr. Moosburger ungläubig.

„Alle! Samt Kartoffelsalat. Die Gäste haben ihren Spaß gehabt. Das können Sie mir glauben. Und jedes Mal, wenn er kommt, wird er gefüttert. Alle geben ihm etwas. Er ist auch ganz zahm, und wenn man ihm etwas zuwirft, dann ...“, sie deutete zu dem Greifvogel, der sich einem alten Ehepaar genähert hatte, das ihm sofort ein Stück von seinem Kuchen spendierte. Der Geier schnappte nicht gleich nach dem Brocken, sondern wippte zuerst mit dem Kopf, als wollte er sich verneigen. Erst dann fraß er. Selbstverständlich bekam er auch bei den anderen Tischen etwas.

„Wissen Sie was? ...“, die Kellnerin stemmte sich auf die Tischplatte und beugte sich ganz tief herunter, „... der Geier ist jedes Mal vollgefressen und kann gar nicht mehr wegfliegen. Zu Fuß ...“, weil sie es selbst kaum glauben konnte, sagte sie es gleich noch dreimal, „... zu Fuß geht er den Berg hinauf. Zu Fuß! Zu Fuß! Stellen Sie sich das einmal vor.“

Dr. Moosburger schüttelte ungläubig den Kopf. „Da kann ich ihn lange untersuchen. Wie man auf solche Diagnosen kommt, wird nicht an der Uni gelehrt.“

„Was?“ Die Kellnerin sah ihn verständnislos an. „Wie meinen Sie das?“

„Schon in Ordnung. Herr Ulrich, der oben auf der Ruine die Greifvogelschau betreibt, hat sich große Sorgen um den Vogel gemacht und nicht verstanden, warum er so dick ist und warum er völlig erschöpft auf dem Parkplatz hockt. Die Antwort hätten wir jetzt.“

„Ach, der Ulrich!“ Die Kellnerin machte eine wegwerfende Handbewegung. „Sagen Sie ihm einen schönen Gruß von der Hilde. Er soll einmal selbst herkommen und nicht seine Vögel schicken. Der ist nämlich wirklich nett, wenn er will, der Ulrich."

Penny und ihr Vater wechselten einen amüsierten Blick. So war das also!

Nachdem sie einen kurzen Besuch bei Herrn Ulrich gemacht und ihm von den Erlebnissen im Gastgarten berichtet hatten, ging es wieder nach Hause. Der Falkner hatte über die Touren seines Gänsegeiers geschmunzelt, aber gleich betont, er würde für diese Information bestimmt nichts bezahlen, schließlich sei es keine Behandlung. Dr. Moosburger hatte nur milde gelächelt und den schrulligen Mann reden lassen.

Auf der Heimfahrt dachte Penny nach, was sie mit Elvis tun sollte. Sie war zwar noch immer gekränkt und verletzt, doch die Chance, die er sich wünschte, musste sie ihm geben.

Es war kurz nach fünf Uhr, als sie die Hammerschmiede erreichten. Freitagnachmittag hatte Elvis für gewöhnlich frei. Meistens war er dann in der Pflegestation zu finden, wo es immer etwas zu tun gab und wo er die freie Zeit nützte, um mit vierbeinigen Patienten zu spielen. An diesem Freitag aber war er fort.

In der Küche traf Penny auf Ivan, der sich gerade zum Gehen fertig machte. Er war von Kopf bis Fuß in Weiß gekleidet, was sehr ungewohnt aussah.

„Hast du eine Ahnung, wo Elvis steckt?", wollte Penny von ihm wissen.

Ivans Augen leuchteten auf. „Sag bloß, du redest wieder mit ihm?"

„Ich gebe ihm eine kurze Audienz. So heißt es doch, wenn Könige das normale Volk empfangen?"

„Majestät, welche Güte und welche Gnade!" Ivan verneigte sich tief, mit einer schwungvollen Bewegung der Hand, das linke Bein weit nach hinten gestreckt, wie es früher die Diener am Kaiserhof getan hatten.

„Telepathisch schaffe ich es aber nicht. Ich müsste wissen, wo er steckt", sagte Penny spitz.

„Wir wollten uns treffen, in zwei Stunden im ‚Durchgeknallt'."

Das „Durchgeknallt" war ein sehr beliebtes Studentencafé in der Stadt.

„In zwei Stunden ist es halb acht, das ist spät!", stellte sie fest.

„Ich glaube, er ist schon jetzt dort. Hat so etwas erwähnt!", erinnerte sich Ivan.

„Fahr mich hin! Bitte!"

Ivan war mit immer anderen Fortbewegungsmitteln unterwegs. Die meisten waren von Freunden geborgt, und hin und wieder betätigte er sich auch als Autositter für Leute, die für längere Zeit verreisten und deren Auto ein wenig Bewegung benötigte. So kam es, dass er zur Zeit mit einem kleinen Lastwagen unterwegs war.

Milli und Robin waren enttäuscht, ihr Frauchen nicht begleiten zu dürfen. In der Fahrerkabine des Lasters war aber einfach nicht genug Platz für sie.

Im dichten Abendverkehr kamen Ivan und Penny nur langsam voran. Um das „Durchgeknallt" zu erreichen, mussten sie über eine bestimmte Straße fahren, auf der sich gleich drei Unfälle ereignet hatten. Die Autos mussten sich mit einer Fahrbahn begnügen, die einmal für die eine Richtung, dann für die andere geöffnet wurde. Erst kurz nach sieben Uhr fand Ivan einen Parkplatz in einem engen Gässchen der Altstadt.

Auf dem Weg hatte Penny mehrmals versucht, aus ihm etwas herauszukitzeln. Er wusste wieder einmal mehr, war aber unter keinen Umständen bereit, Penny etwas zu verraten.

„Das ist wirklich eine Sache zwischen dir und Elvis", betonte er ungewohnt ernst.

Das „Durchgeknallt" befand sich in einem alten Haus und sein Markenzeichen waren die ungewöhnlichen Fenster. Die Öffnungen waren unregelmäßig geformt und ausgezackt. Sie machten den Eindruck, als hätten an diesen Stellen Kanonenkugeln eingeschlagen. Kunstvoll waren Glasscheiben eingepasst, durch die man in das Innere des Lokals sehen konnte. An groben Holztischen und auf Stühlen, von denen es nie zwei gleiche gab, saßen hauptsächlich Schüler und Studenten. Der Großteil der Einrichtung stammte vom Sperrmüll, war aber sehr sauber und gemütlich.

Penny entdeckte Elvis sofort. Er saß in einer Wandnische und hatte ein leeres Glas vor sich stehen. Den Blick starr in das Glas gerichtet, schüttelte er immer wieder den Kopf. Sie musste nur zwei Schritte machen um herauszufinden, wer sein Gesprächspartner war. Oder besser gesagt, seine Gesprächspartnerin!

Julia hockte zusammengesunken auf einem Gartenstuhl und redete heftig auf ihn ein. Dabei gestikulierte sie mit den Händen, warf sie immer wieder in die Höhe und ließ auch mehrmals die Faust auf den Tisch donnern. Wie zwei Verliebte wirkten sie nicht.

Ivan stand dicht hinter Penny, und als sie zurückwich, stieß sie gegen ihn. Er fasste sie an den Schultern, als wollte er sie am Weglaufen hindern.

„Keine Sorge, ich bleibe. Ich gehe sogar hinein", sagte sie und drückte die schwere Glastür auf.

Als Penny an den Tisch von Elvis und Julia trat, setzte Elvis gerade zu einem Satz an, der mit „Bitte, hör mir endlich genau zu!" begann. In seinem Gesicht stand Verwunderung, als er Penny sah. Julia hingegen schien zuerst wütend und dann niedergeschlagen.

Was ging hier vor?

„Gut, dass du jetzt kommst", sagte Elvis zur Begrüßung. Er wirkte sehr matt. „Bitte, setz dich!" Als er Ivan sah, winkte er auch ihn zum Tisch. „Penny, ich will, dass du alles erfährst. Du musst dir ganz schön hintergangen vorkommen. Aber ich weiß, dass das keiner wollte. Weder ich noch Julia."

Trotzig kniff Julia die Lippen zusammen.

„Willst du erzählen oder soll ich?" Elvis stieß Julias Faust auf dem Tisch leicht an. „Hmmm?"

Noch immer schwieg sie finster.

„Dann fang ich einmal an. Ich kenne Julia schon länger. Sie war schließlich öfter bei dir, Penny. Da habe ich sie getroffen und mit ihr geredet."

Schweigend hörte Penny zu.

„Julia ist ein wirklich nettes Mädchen. Und ich weiß, wie gut ihr zwei befreundet seid."

„Warte", wollte Penny schon einwerfen, hielt sich dann aber zurück.

„Es ist richtig, dass ich in letzter Zeit eifersüchtig war. Und als dich dieser Jockey angefasst hat und du es einfach hast geschehen lassen, da ist in mir eine Sicherung durchgebrannt. Am Sonntag war ich sauer. Deshalb bin ich auch nicht zur Rennbahn mit. Und dann hat Julia angerufen. Sie war auch sauer, weil du dich nicht bei ihr gemeldet und nur noch Pferderennen im Kopf hattest."

Penny schluckte, verteidigte sich aber nicht.

„Wir waren spazieren und ich …", Elvis kämpfte mit sich, weil ihm das Weiterreden sehr schwer fiel, „… ich habe wohl … ein bisschen … mit ihr geflirtet."

So etwas hatte sich Penny ohnehin gedacht. Es erschreckte sie nicht.

Julia zuckte, als wollte sie aufspringen.

„Auf einmal hat mir Julia erklärt …", diesmal stockte Elvis völlig. Er hob hilflos die Hände und warf Julia eine drängenden Blick zu. „Sag du doch auch etwas! Steh doch dazu!"

Gleichgültig zuckte Julia mit den Schultern. „Das habe ich ihr ohnehin schon gesagt. Sie weiß, dass ich dich liebe."

Penny spürte, wie sich ihre Fäuste ballten. Stumm sah sie zwischen Elvis und Julia hin und her. Die Lippen hatte sie fest nach innen gezogen.

„Aber ich bin nicht in dich verliebt", gestand Elvis leise. „Für mich gibt es nur Penny."

„Du hast mit mir geflirtet. Du hast gesagt, Penny sei oft so abweisend, als gäbe es einen anderen."

Elvis warf die Arme in die Luft und lehnte sich schwer atmend zurück. „Das habe ich dir doch nur gesagt, weil du ihre beste Freundin bist und ich von dir hören wollte, ob du etwas weißt. Nur deshalb! Sonst aus keinem Grund. Und ja, du bist ein hübsches und sehr nettes Mädchen. Aber, Julia, trotzdem ist da nichts zwischen uns. Bitte, sieh das endlich ein!“ Er sah Penny mutlos an. „Ich rede schon die ganze Woche mit ihr darüber. Aber sie will es nicht kapieren. Was soll ich denn machen?“

Julia schnappte sich das volle Glas Cola, das vor ihr stand, schüttete Elvis den Inhalt ins Gesicht, sprang auf und stürzte aus dem Lokal. Verdutzt sahen ihr die anderen nach.

„Das wollte ich nicht. Ich meine, es war ein Spaziergang. Wirklich sonst nichts. Auf einmal hat sie sich mir an den Hals gehängt und mich geküsst und dauernd von Liebe gesprochen.“ Elvis stützte den Kopf in die Hände und stöhnte verzweifelt.

„Ist sie mit dem Fahrrad hier?“, wollte Penny wissen.

„Ich glaube ja“, erwiderte Elvis.

Penny warf einen Blick auf die Uhr. Julias Eltern waren sehr streng, was das Nachhausekommen betraf. Eigentlich hätte sie schon längst daheim sein sollen. Der Weg vom „Durchgeknallt“ zu ihr war lang, weil sie um den Schlossberg fahren musste. Oder sie nahm die Abkürzung über die Sonnhofstraße.

Wie Penny Julia kannte, würde sie Letzteres machen. Draußen ging die Dämmerung in Dunkelheit über.

„Wir müssen ihr nach“, beschloss Penny. „Kommt!“

„Aber …“ Elvis sah sie verständnislos an.

„Schnell!“, drängte Penny, ohne sich mit langen Erklärungen aufzuhalten.

Das Geständnis

Elvis bot an, Julia mit dem Moped zu folgen. Da er den zweiten Sturzhelm nicht dabei hatte, konnte Penny nicht mit ihm mitkommen.

„Mit meiner Karre sind wir ohnehin schneller!", rief Ivan und ließ die Wagenschlüssel klimpern. Sie rannten in die Seitengasse, in der der alte Laster abgestellt war. Dort erwartete sie eine unangenehme Überraschung: Auch andere suchten verzweifelt Parkplätze und nahmen, was sie kriegen konnten. Zwei Autos hatten Ivans derzeitiges Fortbewegungsmittel völlig eingekeilt. Sowohl vorn als auch hinten blieben nur ein paar Zentimeter Abstand. Ausparken war völlig unmöglich.

„Wir müssen los", drängte Penny jammernd.

„Haben wir gleich!" Ivan notierte die Nummern der Autos auf Kaugummischleifen. Eine drückte er Elvis in die Hand. „Los, Casanova, du nimmst dir das ‚Durchgeknallt' vor, ich gehe ins ‚Lustig'. Falls wir dort keinen Erfolg haben, gehst du weiter in die ‚Josefsstuben' und ich zu ‚Paolos Pizzeria'."

Verwirrt schaute Penny zwischen den Jungen hin und her. Wovon redeten sie? Elvis schwenkte den kleinen Zettel und erklärte im Weggehen: „Wir rufen die Nummern in den Lokalen aus und suchen die Fahrer." Ivan und er verschwanden und Penny trat ungeduldig von einem Bein aufs andere und wünschte sich, sie wäre mit einem der beiden mitgegangen, statt hier nutzlos herumzustehen.

Am liebsten wäre sie mit Elvis gegangen, das spürte sie genau.

Außer Atem, aber erfolgreich kehrte Elvis als Erster zurück. Ihm folgte ein etwas steifer junger Mann in einem langen dunklen Mantel mit aufgestelltem Kragen.

„Deine Freundin bekommt ein Baby?", hörte Penny ihn ungläubig fragen.

„Ich muss sie ins Krankenhaus bringen, auf der Stelle. Fahr weg!"

„Wenn das gelogen ist, werde ich ungemütlich", drohte der Mann.

Penny streckte den Bauch vor, presste die Arme davor und stöhnte, wie sie es schon öfter in Filmen gesehen hatte. Sie ging, das Kreuz durchgedrückt, wackelnd auf Elvis zu und wimmerte, er möge sich beeilen.

„Um Himmels willen, es ist wahr!" Der Mann starrte sie mit weit aufgerissenen Augen an. Er öffnete die hintere Tür seines schicken Wagens. „Steigen Sie ein, ich fahre Sie selbst. Sie können doch nicht in einem Lastwagen … wenn das Baby unterwegs kommt!"

Das hatte Penny nicht erreichen wollen. Sie lehnte sich an Elvis und stöhnte: „Nein, nur mit ihm. Schnell! Bitte, schnell!"

„Wirklich! Das kann ich nicht zulassen. Ich bin in einer Organisation und wir helfen Menschen", begann der Mann mit einer Rede.

„Das Baby kommt gleich hier auf der Straße, wenn Sie nicht endlich Tempo machen", schnaubte Elvis aufgebracht. „Was werden Ihre Kollegen dann sagen?"

Nach kurzem Zögern, nickte der Mann einsichtig und stieg endlich in seinen Wagen ein. Gerade als er nach vorn wegfuhr, kam Ivan angekeucht. Er schob sich hinter das Lenkrad, Elvis und Penny sprangen auf die Fahrerbank neben ihn und der Lastwagen raste mit viel Gedröhn davon.

„Sonnhofstraße, du weißt", erinnerte Penny Ivan, während er mit weit ausholenden Armbewegungen kurbelte und durch die Altstadtgässchen kurvte.

„Heißt das, du denkst, sie nimmt die Sonnhofstraße?" Fassungslos schüttelte er den Kopf.

„Du kennst ihre Eltern nicht. Aus Angst vor ihnen tut sie das."

Ivan drückte das Gaspedal sofort ein wenig weiter hinunter. Um diese Zeit konnte es auf dieser Straße für ein einsames Mädchen höchst gefährlich sein.

Noch immer war der Abendverkehr dicht und es schien, als würde jede Ampel auf Rot springen, wenn Ivan darauf zufuhr. Am liebsten wäre Penny ausgestiegen und zu Fuß gerannt, so ungeduldig war sie.

Endlich ließen sie die Lichter der Stadt hinter sich und fuhren auf die Landstraße hinaus. Die Sonnhofstraße zweigte bei einer kleinen Kapelle ab und verschwand in der Dunkelheit zwischen den Feldern. Wie die erste Reihe einer drohenden Armee ragten die Bäume des Waldes in der Ferne gegen den Himmel.

Ivan schaltete das Fernlicht ein, um mehr sehen zu können. Penny und Elvis hatten sich steif aufgerichtet und suchten die Fahrbahn und den Straßenrand ab. Außer ihnen schien niemand unterwegs zu sein. Sie hofften, Julia würde sich nicht hinter einem Baumstamm oder im Raps, der bereits hüfthoch stand, verstecken, wenn sie das Auto kommen hörte.

„Vielleicht ist sie doch den normalen Weg gefahren!" Pennys Hoffnung wuchs mit jedem Meter.

Schließlich erreichten sie das Waldstück, in dem die Mädchen vor einer Woche den verunglückten Pferdetransporter gefunden hatten. Der Schein der Autolampen erhellte den Asphalt, wurde aber an den Seiten vom Unterholz schnell geschluckt.

„Fahr langsamer", bat Penny Ivan. Er ging vom Gas weg und ließ den Motor leise tuckern. Unruhig rutschte Penny auf der Bank hin und her, blickte nach links und rechts und hatte dabei ständig das Gefühl, etwas übersehen zu können.

Von Julia noch immer keine Spur.

Elvis hob sein Handy. „Wir können daheim bei ihr anrufen und fragen, ob sie schon eingetroffen ist." Penny zögerte, weil sie die Idee nicht gut fand, doch Elvis hatte schon gewählt. Da Julia ihn mit Anrufen bombardiert hatte, war ihre Nummer noch im Speicher seines Telefons. Während Penny weiter Ausschau hielt, hörte sie Elvis reden.

„... noch nicht da ... nein, nein, bestimmt kommt sie gleich!" Er brauchte nicht viel zu sagen, nachdem er aufgelegt hatte.

„Sie machen sich bestimmt entsetzliche Sorgen", vermutete Penny.

„So ist es."

Vor ihnen öffnete sich der Wald und links und rechts der Straße erstreckten sich weite Wiesen.

„Fahr zurück. Ohne Licht", verlangte Penny von Ivan. Der gehorchte, ohne lange zu diskutieren. Aus Erfahrung wusste er, dass Penny einen Grund hatte, wenn sie ihn um so etwas bat. Er wendete, schaltete die Scheinwerfer aus und berührte das Gaspedal nur zart. Wie ein eckiger Riesenkäfer kroch der Laster dahin.

Sie erreichten die Kurve, in der der Pferdetransporter von dem vorschießenden Wagen überrascht worden war. Es war eine schwer einsehbare Doppel-S-Kurve. Penny bemerkte einen kurzen Lichtblitz, der sofort erlosch, als Ivan beschleunigte und sich der Lastwagen mit einigem Geknatter ankündigte.

„Da war was", flüsterte sie.

Als sie die Stelle erreichten, an der Penny das Licht vermutete, blendete Ivan überraschend die Scheinwerfer wieder auf. Es war nur eine sehr schnelle Bewegung, die die Gefahr verriet. In dem Hohlweg, in dem sich der Wagen laut Beschreibung des Fahrers des Pferdetransporters versteckt gehalten hatte, wich ein kleiner, dunkler Schatten zur Seite. Wie ein flüchtendes Tier, das Schutz an einer Erdwand suchte.

Der Lastwagen hielt an.

„Hast du eine Taschenlampe?", fragte Elvis Ivan.

„Nein, nur die zwei!" Er wendete den Wagen um neunzig Grad und richtete die Scheinwerfer in den Hohlweg. Wie aufgescheuchte Rehe versuchten zwei Gestalten in dunklen Motorradanzügen tiefer in den Wald zu flüchten. Die beiden Türen des Lasters flogen gleichzeitig auf und die Jungen sprangen heraus.

Noch etwas aber blitzte im Licht: Das Gestänge und die Speichen eines Fahrrades, das seitlich auf dem Weg lag. Ein Rad drehte sich noch langsam. Penny stockte der Atem, denn sie erkannte das Rad sofort. Es war das von Julia. Mit weichen Knien stieg sie aus. Ivan und Elvis verfolgten die Unbekannten und riefen ihnen zu, sie sollten stehen bleiben. Penny lief zu dem liegenden Rad und sah sich suchend um. Ihre Kehle war wie abgeschnürt, als sie Julias Namen rief.

„Hier", ertönte schluchzend eine Stimme.

Penny hob den Kopf, als sie ein Rascheln vom oberen Rand des Hohlweges hörte. Aus dem trockenen Laub richtete sich jemand auf. Julias Gesicht war mit Dreck beschmiert und ein blutiger Kratzer zog sich über ihre Wange.

„Bist du verletzt? Haben sie dir wehgetan?", fragte Penny besorgt.

Julia zog heftig durch die Nase auf. „Da war auf einmal diese Kette über die Straße gespannt. Ich musste bremsen." Sie ließ sich über die Hangkante gleiten und landete neben Penny. Ihre helle Hose und die blassgelbe Jacke waren braun von Erde. „Sie haben mich vom Rad gezerrt und festgehalten. Sie sind völlig verrückt. Sie wollten mein Rad verkaufen und haben mir gedroht. Mit einem Messer. Dann kam ein Auto und sie haben mich zu Boden gepresst."

Das Auto musste Ivans Laster gewesen sein. Die dunklen Lederanzüge waren im trüben Lichtschimmer wie Schatten erschienen.

„Dann habe ich getreten und um mich geschlagen. Ich konnte entkommen. Sie sind mir nicht nach, als ich die Böschung hoch bin. Es war so matschig." Sie deutete auf ihre verschmierten Klamotten und ihr ganzer Körper wurde erneut von einem heftigen Schluchzen geschüttelt.

Ratlos stand Penny da. Als sie Julia weinen sah,

machte sie zwei Schritte auf sie zu und fasste nach ihrer Hand. Julia schlang ihre Arme um Penny und heulte hemmungslos.

„Es tut mir so Leid", hörte Penny heraus. „Es war wegen des Pferdes. Auf einmal war ich so neidisch und eifersüchtig. Du hast alles. Du kannst alles. Und ich, ich bin ein Krüppel."

„Wie bitte? Was bist du?" Penny drückte Julia sanft von sich, packte sie an den Schultern und hielt sie so, dass Julia ihr in die Augen sehen musste. „Wer sagt denn so einen Unsinn? Das ist nicht wahr. Du warst verletzt, ja. Aber du bist wieder gesund."

„Ich darf nicht mehr reiten. Ich bin ein Krüppel", wiederholte Julia unter heftigem Schluchzen.

„Das ist nur deshalb so, weil deine Eltern sehr vorsichtig sind."

Laub raschelte und Äste knackten. Erschrocken sah Penny den Hohlweg hinauf. Ivan und Elvis kamen zurück, verschwitzt, abgekämpft und keuchend. Sie schoben zwei Mopeds, und Ivan hielt wie eine Trophäe eine schwere Metallkette in die Höhe.

„Die Burschen sind über alle Berge, aber sie sind trotzdem geliefert!", rief Elvis.

Ivan deutete zum hinteren Ende der Motorräder. „Die Nummernschilder sind drauf. Die Polizei kann die Besitzer sicher feststellen."

Niedergeschlagen drehte sich Julia weg, als sie Elvis kommen sah, und wankte Richtung Straße. Sofort war Penny wieder neben ihr und hielt sie zurück.

„Du musst dich nicht um mich kümmern. Habe ich doch nicht verdient", sagte Julia leise.

„So leicht wirst du mich nicht los“, erklärte Penny leise. „Ich werde wie eine Klette an dir hängen und dich jeden Tag an deine Missetat erinnern. So lange, bis wir beide im Altenheim sitzen. Selbst dann noch werde ich dir vorhalten, dass du mir meinen Freund ausspannen wolltest.“ Bei dieser Vorstellung musste sie lachen. Einen Moment lang huschte auch über Julias Gesicht ein Lächeln.

„Jetzt bringen wir dich heim“, meinte Penny. „Du brauchst ein heißes Bad.“

Verrat auf der Rennbahn

Julias Eltern waren sehr erleichtert. Ihre Tochter war mit dem Schrecken davongekommen. Während sich Frau Friedrichsen um Julia kümmerte und ihr im Badezimmer aus den verdreckten Sachen half, stand ihr Vater mit Penny, Ivan und Elvis vor dem Haus.

„Wieso hat sie überhaupt die Sonnhofstraße genommen?“, fragte er vorwurfsvoll.

Natürlich erwähnte Penny mit keinem Wort, was zwischen Julia und Elvis vorgefallen war. Sie beschloss aber, sonst bei der Wahrheit zu bleiben.

„Julia hat Angst vor Ihnen. Sie hätten bestimmt sehr geschimpft, wenn sie den normalen Weg genommen hätte und zu spät gekommen wäre.“

Ivan warf Penny einen bewundernden Blick zu.

„Das ist eine Unverschämtheit“, brauste Herr Friedrichsen auf.

„Stimmt es etwa nicht?“, fragte Penny ruhig.

Schweigen folgte. Julias Vater starrte nachdenklich in die Ferne. „Seit dem Unfall haben wir Angst um sie. Ich möchte nicht einmal, dass sie mit dem Fahrrad unterwegs ist.“

Penny nickte verständnisvoll. „Das ist schon klar. Aber wenn sie Julia unter einen Glassturz setzen, wird sie immer trauriger werden. Vor allem will sie wieder reiten.“

„Nein!“, sagte Herr Friedrichsen entschieden. „Nein, das ganz sicher nicht!“

„Lassen Sie Julia doch wenigstens in einem Pferdestall helfen. Sie liebt Pferde. Es wäre ihr größter Wunsch."

Herr Friedrichsen schüttelte ablehnend den Kopf. „Das will ich nicht. Nein, meine Frau ist bestimmt auch dagegen."

„Wenn Sie wirklich etwas für Julia tun wollen, dann reden Sie mit ihr. Hören Sie sich doch an, was Julia sich wünscht", schlug Penny vor.

Herr Friedrichsen presste die Lippen zusammen. Dann aber hob er den Kopf und nickte zustimmend.

Bereits am nächsten Vormittag telefonierten die Mädchen miteinander. Julia bedankte sich immer wieder bei Penny. Diese schien ihr nichts nachzutragen.

„Wärst du mir nicht nachgefahren, hätten diese Burschen vielleicht ..." Julia brach ab.

„Die zwei sind übrigens schon gefasst", warf Penny ein. „Ein dritter wird verdächtigt, bei den übrigen Überfällen dabei gewesen zu sein. Auf jeden Fall ist die Sonnhofstraße jetzt ungefährlicher. Trotzdem fahr lieber nicht mehr dort!"

Das versprach Julia gerne.

„Papa hat heute lange mit mir geredet. Auch wegen des Reitens. Er ist noch immer dagegen. Aber Mama wird schon weicher."

Penny lächelte zufrieden. Romeo kam von draußen herein und warf die Zeitung auf den Boden. Penny hockte auf der bemalten Holztruhe in der Diele und hatte die Beine angezogen. Tadelnd bedeutete sie dem kleinen Bruder, die Zeitung wieder aufzuheben.

„Ich stehe schon wieder nicht drin“, beschwerte er sich. „Der Reporter war ein Betrüger. Vielleicht ist er heute wieder auf der Rennbahn. Dann sage ich ihm meine Meinung.“

„Der Große Preis von Steintal“, rief Penny, dankbar, dass Romeo sie erinnert hatte. „Heute ist der Eröffnungstag auf der Galopprennbahn. Wir fahren hin. Kommst du mit?“

Julia legte den Hörer weg, um ihre Eltern um Erlaubnis zu bitten. Als sie zurückkam, hatte sie gute Neuigkeiten: „Wir fahren alle hin. Treffen wir uns dort?“

Sie verabredeten sich für zwei Uhr nachmittags beim Führring.

„Werde ich auch mitgenommen?“, meldete sich Elvis, der leise die Treppe heruntergekommen war. Penny setzte ein sehr nachdenkliches Gesicht auf. „Ich weiß noch nicht so recht. Ein bisschen mehr Buße wäre schon angebracht.“

Theatralisch rang Elvis die Hände und ging auf die Knie. „Das kannst du mir nicht antun. Wie soll ich das überstehen?“

„Mal sehen“, ließ ihn Penny zappeln, brach aber im nächsten Moment in Lachen aus. Elvis trat vor sie und umarmte sie ganz fest. Keiner der beiden wollte mehr über die Dinge sprechen, die sich ereignet hatten. Sie waren vorbei und nicht mehr wichtig.

„Ewig dieses Geknutsche“, beklagte sich Romeo.

Nach dem Mittagessen brachen Matthias Moosburger, Romeo, Penny und Elvis zur Galopprennbahn auf. Auf dem Weg dorthin erhielt der Tierarzt einen

Anruf auf seinem Handy. Als er das Gespräch beendete, bemerkte Penny sein besorgtes Gesicht.

„Etwas Schlimmes?“, erkundigte sie sich.

„Etwas Rätselhaftes. Es geht um Hermes.“

„Ist er krank?“

„Das weiß man nicht genau. Ich muss ihn mir ansehen.“

Der Parkplatz war voll besetzt und Matthias Moosburger musste zu den Stallungen ausweichen. Romeo erbettelte sich das Eintrittsgeld, weil er schon vorauslaufen wollte. Damit er Ruhe gab, bekam er es auch. Elvis und Penny begleiteten den Tierarzt zu Hermes.

Sabrina Farling waren Aufregung und Anspannung anzusehen.

„Es geht ihm nicht schlecht“, sagte sie gleich nach der Begrüßung und führte Dr. Moosburger in den Stall, der von einem gewichtigen Mann mit sehr ernster Miene bewacht wurde. „Da ist nur etwas an seiner Nase, das mir Sorgen bereitet.“

Hermes stand in seiner Box und blickte den Eintretenden neugierig entgegen. Auch Penny sah sofort, was Sabrina meinte. Seine Nüstern waren schwefelgelb verklebt und aus seiner Nase rann Schleim. Matthias Moosburger näherte sich Hermes unter gutem Zureden und ließ sich von der Trainerin helfen, den Kopf des Pferdes ruhig zu halten. Prüfend tastete er die Nasenränder ab und zerrieb die gelbe Kruste zwischen den Fingern. Mit dem Stethoskop hörte er den Brustkorb und die Herztöne des Rennpferdes ab. Kopfschüttelnd tauchte er wieder auf.

„Wer war in letzter Zeit bei ihm?“

„Wie Sie sehen, ist der Stall jetzt bewacht. Es war also bestimmt kein Unbefugter oder Fremder hier“, erwiderte Frau Farling. Auf einmal aber kam ihr zu Bewusstsein, was die Frage bedeutete. „Was meinen Sie genau?“

„Ich kann mir nicht helfen. Dieses gelbe Zeug ist Blütenstaub. Das Mittel, das ich ihm beim letzten Mal gegeben habe, wirkt noch immer, daher ist ihm ein schlimmer Heuschnupfenanfall erspart geblieben.“

Entsetzt schlug die Trainerin die Hand vor den Mund. „Meinen Sie, jemand hat ihm absichtlich Blütenstaub ...“

„... ins Gesicht gepustet oder geworfen. Er sollte einen neuerlichen Anfall bekommen. Das Ziel kann nur sein, ihn für das Rennen ausfallen zu lassen.“

Fassungslos stand die Trainerin da, der die Worte noch in den Ohren hallten.

„Wer sollte so etwas tun und warum?“

„Oh, eine Versammlung?“ Fritz, der Stallbursche, war von hinten gekommen und nickte grüßend in die Runde. In wenigen Worten schilderte ihm die Trainerin, was sie gerade erfahren hatte. Fritz’ Entsetzen war genauso groß wie ihres.

„Aber ... kann er starten?“, erkundigte sich der Stallbursche leise.

Dr. Moosburger nickte langsam. „Ja, das glaube ich schon. Er hat diese Attacke gut überstanden, und wie gesagt, das Medikament schützt ihn noch. Von mir aus kann er an den Start.“

Frau Farling und Fritz atmeten erleichtert auf.

„Sein Besitzer wäre bestimmt nicht nur enttäuscht,

sondern maßlos verärgert, wenn Hermes nicht laufen würde“, sagte sie erklärend. „Er ist heute anwesend, und wie es mit der Rennbahn weitergeht, hängt sehr stark davon ob, wie dieser Mann den heutigen Renntag bewertet.“

Penny trat an die Box und streichelte Hermes über den Nasenrücken.

„Wer wird ihn heute reiten?“

„Ein neuer Jockey. Sehr guter Bursche“, antwortete Sabrina Farling.

„Und wer könnte ihm das Zeug ins Gesicht gerieben haben? Der Wächter müsste ihn doch gesehen haben.“

Schweigend standen alle da und überlegten. Sabrina Farling rief den Mann herein und befragte ihn, aber er hatte niemanden bemerkt und selbstverständlich auch niemanden hineingelassen. Sabrina ordnete strengste Bewachung an und verließ gemeinsam mit den Moosburgers den Stall. Als Penny einen Blick zurückwarf, stand Fritz bei Hermes und streichelte ihn liebevoll.

„Der große Preis wird zum Sorgenkind für den Baron“, erzählte die Trainerin, die mit Penny und ihrem Vater in Richtung Rennbahn über die Wiese ging. „Es waren zehn Pferde genannt, vergangene Woche sind zwei ausgeschieden und zwei zurückgezogen worden. Mittlerweile ist das Starterfeld wieder größer geworden, die neuen Nennungen sind aber keine wirklichen Spitzenpferde. Alle so in der Kategorie von DimSum.“

„Gilt Hermes als Favorit?“, erkundigte sich Penny.

„Ja, er ist absoluter Favorit. Wer jetzt noch auf ihn wettet, gewinnt kaum was. Alle sind sicher, dass nur er gewinnen kann.“

„Sie auch?“

Sabrina lächelte Penny zu. „Natürlich. Ich trainiere ihn und weiß, was in ihm steckt. Er hat in diesem Rennen keine echte Konkurrenz. Das ist auch das Problem des Barons. Die echten Galoppfans sind enttäuscht, weil ausgerechnet der Große Preis, bei dem es um ein sehr hohes Preisgeld geht und der als das wichtigste Rennen des Eröffnungstages gilt, keine Spannung verspricht. Die Ausfälle durch die Ereignisse der vergangenen Woche sind für die Rennbahn und ihre Zukunft alles andere als zuträglich.“

Die Trainerin führte die Moosburgers als ihre Gäste durch den Eingang, der den Rennteilnehmern vorbehalten war. Gleich daneben stand der Baron mit hochrotem Kopf und redete mit einem steifen Mann, der ihn sehr von oben herab ansah.

„Hermes ist unter Ihrer Obhut, weil Sie mir das Blaue vom Himmel versprochen haben“, schnappte Penny auf. Er musste der Besitzer sein, der Mann, von dem so viel die Rede war. „Ich war immer skeptisch. Auch halte ich nicht viel von der Wiedereröffnung dieser Rennbahn.“

„Hören Sie, Geoffrey“, beschwor der Baron ihn. „Schreiben Sie das alles bloß nicht in Ihrer Zeitung. Sie wissen, dass Sie mich damit ruinieren können.“

Die Nase des Mannes wanderte noch höher. Er gab keine Antwort.

Er war also Journalist. Penny hatte schon von den verschiedenen Fachzeitschriften gehört, die es zum Thema Rennsport gab. Ihr fiel Romeos Kummer wieder ein, weil sein Foto nie veröffentlicht worden war.

Berta von Rott drängte sich neben ihren Bruder, in der Faust ein Bündel Banknoten. Sie schwenkte triumphierend das Geld.

„Von mir aus mach weiter mit deiner Rennbahn“, platzte sie einfach in das Gespräch, das der Baron führte. Ungehalten funkelte er sie an, wovon sie sich aber nicht beeindrucken ließ. „Ich komme jedes Mal. Das habe ich heute schon gewonnen. Beim Wetten. Willst du einen guten Tipp, frag mich!“

„Berta, das reicht“, zischte der Baron wütend. Sein eisgrauer Schnauzbart wackelte wütend.

„Deinen Großen Preis kannst du vergessen. Da gewinnt ohnehin dieser Hermes. Lohnt sich nicht, auf den zu setzen.“ Sie machte eine abfällige Geste.

Besorgt sah der Baron zu seinem Gegenüber auf. Hermes' Besitzer wirkte wie versteinert. Ohne ein weiteres Wort zu verlieren, drehte er sich weg und ging. Der Baron machte eine Bewegung, als wollte er ihm folgen, blieb dann aber stehen.

Julia und ihre Eltern waren bereits eingetroffen. Herr und Frau Friedrichsen fühlten sich auf dem Rennplatz nicht sehr wohl, und Penny war froh, als ihr Vater sich der beiden annahm und sie in ein Gespräch verwickelte. Mit ihrer neuen alten Freundin machte Penny ein paar Schritte Richtung Tribüne, um nach freien Plätzen zu suchen. Es schien aber keine mehr zu geben.

„Er ist nicht da!“, erklärte Romeo. „Der Reporter ist nicht mehr da.“

Aus einem Gefühl heraus sagte Penny: „Bist du sicher? Hast du überall gesucht?“ Sie nahm ihn an der Schulter und ging mit ihm die Tribünen ab.

Auf großen Tafeln leuchteten in roten Buchstaben und Zahlen die Wettquoten. Wie Berta von Rott schon berichtet hatte, lohnte es sich nicht, auf Hermes zu setzen. Die Quoten für ein Pferd namens Robina und für DimSum hingegen standen sehr hoch. Allerdings war wirklich nicht anzunehmen, dass DimSum gewinnen würde. Da müsste schon ein Wunder geschehen.

„Oder Hermes müsste ausfallen", ging es Penny durch den Kopf. Sie blickte auf und schnappte nach Luft. Das war es. Was auch immer sich seit dem Unfall des Pferdetransporters ereignet hatte, es sollte dazu führen, dass beim Großen Preis die Favoriten nicht liefen und nur schwächere Pferde am Start waren.

Ihr Ritt auf DimSum fiel ihr wieder ein. Sie hatte nicht verstehen können, wieso das Pferd in den Rennen so schlecht abgeschnitten hatte. Für sie, die gerne ritt und einige Erfahrung hatte, bei Galopprennen aber natürlich ein Laie war, stand fest, dass in DimSum einiges steckte.

Ob er zurückgehalten wurde? Penny wusste, wie genau die Rennkommission darauf achtete, dass Jockeys immer auf Sieg ritten und nie ein Pferd bremsten. Das war Betrug an den Wettern und durfte nicht geschehen. Trotzdem aber konnte es ein Jockey schon so geschickt anstellen, dass niemandem etwas auffiel. Vor allem bei einem Pferd wie DimSum, dem ein schlechter Ruf vorauseilte.

„Golli", murmelte sie. Er war der Reiter von DimSum. Bei einem Sieg stünden ihm zehn Prozent der Siegesprämie zu. Beim Großen Preis ging es um viel Geld. Den größten Anteil würde allerdings die Besitzerin des

Pferdes bekommen. Ihr stand, nach Abzug weiterer zehn Prozent für die Trainerin, der Rest der Summe zu.

„Und die Leute, die auf DimSum gesetzt haben, kassieren ein Vielfaches ihres Einsatzes“, sagte Penny nachdenklich vor sich hin. Sie wandte sich noch einmal der Tafel zu und las, dass man mit DimSum sein Geld verzwanzigfachen konnte. Es würde sich also lohnen. Allerdings konnte DimSum nur dann gewinnen, wenn Hermes nicht an den Start ging.

„Er muss noch mehr geschützt werden“, rief Penny und erntete verwunderte Blicke von Julia und Romeo. Fritz fiel ihr ein. Golli und er waren befreundet. Natürlich hatte einer der beiden das Auto gefahren, das den Pferdetransporter von der Straße abgebracht hatte. Außerdem konnten sie sich gegenseitig ein Alibi geben. Fritz hatte auch Gelegenheit gehabt, Hermes den Blütenstaub unter die Nase zu reiben. Er ging ungehindert im Stall ein und aus.

„Dort ist der Reporter!“, rief Romeo. Bevor Penny ihren kleinen Bruder noch zurückhalten konnte, war er schon losgestürmt. Er rannte auf einen Mann zu, der Penny bekannt vorkam, auch wenn sie sicher war, ihm noch nie begegnet zu sein. Das runde Gesicht mit den roten Flecken erinnerte sie an Fritz!

Mit großen Schritten lief sie Romeo nach. Der Mann begrüßte den Jungen gerade wie einen alten Freund.

„Tut mir Leid, der Chef hat das Foto nicht genommen, aber wir können heute noch eines machen. Wir brauchen eine nette Aufnahme mit dem berühmten Hermes. Du wirst ihm wieder den Apfel hinhalten und ich knipse euch zwei. Das mögen unsere Leser.“

„Darauf werden Sie verzichten müssen!“, sagte Penny scharf. Der Mann, der sich zu Romeo hinuntergebeugt hatte, richtete sich mit einem Ruck auf und starrte sie finster an.

„Das ist meine große Schwester Penny“, stellte Romeo stolz vor.

„Und Sie sind der Bruder von Fritz, nicht wahr?“, sagte Penny dem Mann ins Gesicht. An seinem Zucken las sie ab, dass sie ins Schwarze getroffen hatte. Er hielt noch immer den roten Apfel in der Hand, den er Romeo gerade hatte übergeben wollen. Mit einer schnellen Handbewegung nahm ihn Penny an sich. „Der Schneewittchen-Trick. Gift im Apfel! Besser gesagt ein Anti-Doping-Mittel, das Hermes matt macht und Pferd und Trainer in größte Schwierigkeiten bringen würde.“

Schweißtropfen rannen links und rechts am Gesicht des Mannes herab. Er schien fieberhaft zu überlegen, welchen Ausweg er hatte. Schließlich rannte er einfach los, kam aber nur einen Schritt weit. Romeo hatte in seiner Empörung über die Störung durch Penny einen Schritt auf seine große Schwester zu gemacht. Der Mann stieß gegen ihn, stolperte, flog nach vorn und landete hart auf der Brust. Es war zu hören, wie ihm die Luft aus den Lungen gepresst wurde. Beim Aufstehen konnte er nicht einatmen und seine Augen quollen aus dem Kopf. Der Notarzt, der schnell herbeigerufen worden war, drückte die Schultern des Mannes nach hinten und half ihm, den Brustkorb wieder zu dehnen. In der Zwischenzeit informierte Penny Sabrina über ihre Entdeckung. Ohne lange zu fragen, rannte die Trainerin quer über die breite Wiese zu den Stallungen zurück. Penny, die ihr gefolgt war, bedeutete ihr, den Stall leise zu betreten. Als sie um die Ecke in den Boxengang bogen, bot sich ihnen ein Anblick, der beiden Frauen den Zorn durch den Körper trieb.

Fritz stand, mit einem dicken Holzstab in der Hand, neben Hermes, bereit, ihm gegen das Bein zu schlagen, ihn zu verletzen und für das Rennen untauglich zu machen.

„Nein!“, sagte Penny scharf.

Fritz fiel der Stab aus der Hand. Gebückt blieb er stehen und fluchte leise. Sabrina Farling aber schüttelte nur langsam und ungläubig den Kopf.

Romeos Foto erschien tatsächlich in der Zeitung. Auf dem Titelblatt der größten Rennzeitung! Er stand neben Hermes und fütterte ihm Zuckerwürfel auf der flachen Hand. Obwohl es nicht ganz den Tatsachen entsprach, wurde er als Hermes' Retter gefeiert. Triumphierend wedelte er Penny ständig mit dem Zeitungsblatt vor der Nase herum.

Der Artikel über die Eröffnung von Steintal trug den Titel „Verrat auf der Rennbahn“ und war eine kritischer Bericht über die Bedeutung von Preisgeldern und Wetten. Der Verfasser, der Besitzer von Hermes, wetterte dabei gegen die immer größer werdenden Summen. Es hatte sich herausgestellt, dass DimSum keine Besitzerin hatte, sondern in Wirklichkeit Fritz, seinem Bruder und Golli gehörte. Die drei hatten den Betrug vorbereitet, um nicht nur das Preisgeld, sondern auch hohe Wettgewinne zu erlangen. Sie waren dabei vor nichts zurückgeschreckt. Es war ihnen egal gewesen, ob andere Pferde, Jockeys oder Trainer zu Schaden kamen. Es war Anzeige gegen sie erstattet worden und alle drei würden sich vor Gericht verantworten müssen.

Für den Baron hatten diese Ereignisse gute und schlechte Folgen. Die schlechte war, dass der Große Preis des Eröffnungstages hatte abgesagt werden müssen. Die gute aber war, dass das Rennen sechs Wochen später neu angesetzt wurde und schon jetzt sehr berühmte und erfolgreiche Pferde dafür gemeldet worden waren. Hermes' Besitzer wollte sich von dem Verdacht reinwaschen, vielleicht selbst in die Vorkommnisse verwickelt gewesen zu sein. Als korrekter Mann, der großes Ansehen genoss, unterstützte er die Neuaustragung des Rennens und ließ alle seine Kontakte spielen, um die besten Starter dafür zu bekommen.

Der Nachmittag auf der Rennbahn hatte auch für Julia etwas verändert: Sabrina, die unauffällig von Penny über Julias guten Umgang mit Pferden informiert worden war, hatte ihr angeboten, an den Wochenenden im Stall zu helfen. Verlässliche Mädchen wie sie konnte sie gut gebrauchen. Zu Julias großer Freude hatten ihre Eltern schließlich zugestimmt. Ein neuer Anfang war gemacht.

Noch immer schämte sich Julia sehr für das, was sie Penny angetan hatte. Später gestand sie ihr, dass sie in Elvis gar nicht so verliebt gewesen sei. Das Gefühl, Penny in allem so nachzustehen, war nur zu viel für sie gewesen. Und als Elvis dann abhob, als sie Penny anrufen wollte …

Einige Wochen danach trafen sich die drei im „Durchgeknallt“, das auch einen Gastgarten besaß, in

Durchgek
Durchgeknallt

dem die besten Eisbecher der Stadt serviert wurden. Penny hatte das Treffen verabredet, um das, was gewesen war, ein für alle Mal aus der Welt zu schaffen. Keiner sollte mehr bittere Gedanken haben.

Milli und Robin waren mitgekommen und leckten genüsslich die kleinen Pappbecher aus, in die Penny einen kleinen Löffel Eis und Sahne getan hatte. Elvis lehnte im Korbstuhl, sah zwischen den Mädchen hin und her und erklärte mit breitem Grinsen: „Ein wunderbares Gefühl, so heiß begehrt zu sein. Ihr zahlt doch mein Eis, nicht wahr?"

Penny und Julia wechselten einen kurzen Blick, nickten einander zu, tauchten die Löffel in ihre Becher, hoben sie blitzschnell hoch und schleuderten alles, was sich darauf angehäuft hatte, in Elvis' Richtung. Zum Ausweichen war es zu spät. Unter sein linkes Auge klatschte eine kleine Portion Pistazieneis und auf seine Nase eine Portion Erdbeereis.

Die Mädchen gaben gleichzeitig einen zufriedenen Laut von sich, legten die Löffel weg und schüttelten einander fröhlich die Hände.

„He ...", protestierte Elvis.

Jetzt war die Welt wirklich wieder in Ordnung. Auch für Robin, der sich mit den Pfoten auf Elvis Knie stemmte und ihm mit der langen rauen Zunge das Eis aus dem Gesicht leckte. Julia und Penny lachten. Es war ein befreiendes Lachen, das richtig gut tat.

Sieben Pfoten für

PENNY

Was ist schon ein Hundeleben?
Sturmwind darf nicht sterben
Freiheit für Flipper II
Lasst den Bären leben!
Rettet den Ponyhof!
Schluss mit Tierversuchen!
Ronny, das Robbenbaby
Ein Schwein zum Knutschen
Gefährlicher Frühling
So ein Affenzirkus!
Falsche Freunde!
Eine Party für den Wal
Eine Katze namens Mozart
Das verschwundene Tagebuch
Eine coole Kuh
Mein Freund, der Wolf
Gorilla mit Geheimnis
Fohlen-Frühling
Brüder und andere Katastrophen
Vier ausgeflippte Pinguine
Löwenstarke Freundinnen
Hilfe, meine Familie spinnt!
Nachhilfe für Elefanten
Verknallte Koalas
Pennys verrückte Tiershow
Verrat auf der Rennbahn

Der Lieblingssport meines großen Bruders Kolumbus ist zurzeit Duschen, wegen seiner Verabredung und so...
Ivan, unser Haushälter, ohne den wir wahrscheinlich verhungern würden.
Mein kleiner Bruder Romeo würde am liebsten nur Schnitze
Hamburger und Pommes essen.